I

MÉMOIRE

D'UN

EX-EMPLOYÉ PROTESTANT,

OU

DES VICTIMES DE L'ADMINISTRATION PASSÉE.

PARIS. — IMPRIMERIE DE GAULTIER-LAGUIONIE,
rue de Grenelle-St-Honoré, n. 55.

MÉMOIRE

D'UN

EX – EMPLOYÉ PROTESTANT,

OU

Des Victimes de l'Administration passée.

Il n'y a d'obstiné dans l'erreur que le pouvoir,
parce qu'une première mesure l'engage, et
qu'une fausse honte l'empêche de reculer.
BENJAMIN CONSTANT.

PARIS,

CHEZ {
LANDOIS, rue du Bouloy, n. 10.
LECOINTE ET PONGIN, quai des Augustins, n. 49.
MASSON ET YONET, rue Haute-Feuille, n. 14.

—

1831

UN MOT DE PRÉFACE.

Beaucoup de personnes qui ont figuré dans les hautes régions de la société, et tenu une place marquée dans les grands drames que nous avons vus se dérouler successivement sous nos yeux, ont fait imprimer leurs mémoires, les unes, dans la vue de rectifier des faits qui avaient été présentés sous un faux jour, ou de détruire des insinuations mensongères et calomnieuses; d'autres, en bien plus grand nombre, n'ont écrit que par spéculation, ou par le besoin de faire encore parler d'elles. C'est ainsi que tout a été mis au jour, et qu'au milieu de cette immensité de matériaux qui ont été produits, l'histoire n'aura qu'à recueillir ce qui sera jugé digne d'être transmis à la postérité.

Mais s'il n'est que les grands personnages qui puissent se flatter d'être suivis avec inté-

rêt ou curiosité, sera-t-il défendu à un petit
employé qui n'a que la presse pour faire
connaître les injustices et les actes arbitraires
dont il a été victime, de recourir à ce moyen,
et de faire, non dans des mémoires, mais
dans un mémoire, un exposé de tout ce qu'il
a souffert, et des causes qui ont amené sa
ruine? Ne pourra-t-il se promettre de trouver
quelques lecteurs assez indulgens pour l'é-
couter, pour le suivre dans tous les détails,
bien que peu attrayans, où il ne pourra se
dispenser d'entrer, dès qu'il s'agit de mettre
au jour ce qu'il fut, ce qu'il éprouva, ce qu'il
est devenu par suite des injustices les plus
révoltantes?

Telles sont les questions que je me suis
faites, et sur lesquelles je me suis arrêté long-
temps. Et j'avoue que ce n'est qu'avec incertitude que je les ai résolues; qu'avec plus
d'hésitation encore que je me suis décidé
pour une affirmative, sur laquelle je cherche, en vain, à me rassurer. J'ai consulté ma
situation, mes forces, mes moyens, et prêt
à tout abandonner, je n'ai été soutenu que

par le sentiment de ma conscience, la force
de mon droit, et l'espoir que le cri de l'oppression parviendrait tôt ou tard aux oreil-
les de quelques hommes justes, éclairés et
humains.

L'exacte vérité, c'est tout ce que je puis
promettre, mais ce sera aux *faits* que tien-
dront les personnes à qui je m'adresse, et
non aux formes, car sans conseils, sans
guides, sans amis que j'eusse voulu impor-
tuner d'une affaire qu'il s'agissait de traiter
avec moi-même, aurais-je pu, si souvent op-
pressé par le sentiment de pénibles souvenirs qui réveillent toute mon indignation,
aurais-je pu, dis-je, éviter ces écueils sur
lesquels il est si facile de se briser, lorsque
l'on écrit dans sa propre cause? aussi bien,
persuadé que ce ne sera qu'à force d'indul-
gence que je serai absous, je la réclame avec
quelque espoir qu'elle ne me sera pas entièrement refusée des hommes sensibles et amis
de l'humanité à qui je m'adresse spécialement.
Dans tous les cas, le sort en est jeté, et si
je m'étais trompé, qu'il continue à s'appe-

santir sur moi, sans toutefois que rien puisse
me convaincre que j'ai mérité toutes ses rigueurs.

MÉMOIRE

D'UN

EX - EMPLOYÉ PROTESTANT,

OU

Des Victimes de l'Administration passée.

§ I.

Exposé.

S'il est des époques où les hommes, entraî-
nés par les passions et leurs intérêts particuliers,
semblent se faire un jeu de fouler aux pieds
toutes les lois de la justice et de l'humanité, de
se rire des malheureux, et d'en multiplier même
le nombre, sans nul égard à leurs réclamations
et à leurs cris, ces époques heureusement ont
un terme, et tout indique que le temps est arrivé où l'on ne s'écartera plus de cette justice

sans laquelle ni société, ni gouvernement ne peuvent exister long-temps.

C'est de 1816 que datent particulièrement les malheurs qui ont pesé sur moi et sur ma famille. Ces malheurs, c'est à un jeune sous-préfet sans expérience dans les affaires administratives, et peut-être plus encore aux intrigans dont il se laissa circonvenir que je les dois. Si je les ai supportés jusqu'à présent avec patience, courage et résignation, ce n'a été toutefois que dans l'espérance qu'un temps viendrait où je pourrais me faire entendre, où les cris de l'oppression et de l'injustice ne seraient plus étouffés par ceux qui avaient tant d'intérêt à les faire taire.

Je sens combien j'ai besoin d'être court, de me renfermer dans les seuls *faits* qui ne peuvent être omis sans préjudice pour la clarté, et pourtant, avec ce désir, il y a une telle complication dans tout ce que j'ai éprouvé, qu'il faut nécessairement que l'on m'accorde toute la latitude nécessaire pour mettre au jour toutes les turpitudes d'une administration dont il faudrait chercher le modèle au milieu des peuplades barbares de l'Afrique.

Toute ma vie j'aimai la vérité, ne cherchai qu'à la connaître, et fis profession de la dire dans les circonstances même où elle pouvait m'être nuisible. Ce n'est donc pas aujourd'hui que je dois craindre, plus que par le passé, de la dire, et c'est elle qui guidera ma plume dans tout le cours de ce récit. *Vitam impendere vero* eût été ma devise, s'il m'eût appartenu, à moi, faible individu, de la prendre après Rousseau, né dans un pays voisin de celui où je reçus le jour, mais d'un Français qui avait quitté sa patrie vingt ans avant la révolution.

Je ne brûlais que du désir d'y rentrer, et je le fis dès que l'occasion s'en présenta. Ce fut à Paris que je vins tout droit, en 1800, époque à laquelle je n'avais pas encore atteint ma vingt-tième année, et sans autres ressources que les faibles connaissances que j'avais pu acquérir; elles me furent utiles.

Ainsi que tant d'autres, le sort de mon petit individu devait être soumis à bien des vicissi-tudes, et j'en connus auxquelles, certes, je n'aurais guère du m'attendre. Ce fut par l'effet d'une de ces premières vicissitudes, qu'après un an de séjour dans la capitale, je me vis transporté, comme employé de préfecture, dans un des départemens conquis sur les rives du Rhin. C'était une amélioration bien sensible dans mon sort, et c'est dire assez que je n'a-vais pas été gâté par la fortune. Je pourrais déjà faire, si c'était le cas, une bonne partie

d'un petit roman de tous les efforts que j'avais
du employer pour arriver jusque là. Mais il ne
doit être ici question que d'affaires administratives, et j'en préviens, pour ne pas induire en
erreur ceux qui pourraient s'attendre à autre
chose. Ce ne sera donc que parmi les personnes
qui aiment à voir ce qui se passe au pied de
l'échelle administrative, que je pourrai espérer
de trouver quelques lecteurs assez indulgens
pour me suivre dans le récit de mes infortunes.
D'autres, en assez grand nombre, ont déjà fait
connaître suffisamment ce qui se reproduit si
souvent, en haut, sous tant de formes, et tout
examen fait, on ne sera que trop convaincu,
que dès qu'une fois les passions agissent, les
hommes sont tous les mêmes d'un bout de l'é-
chelle à l'autre. Ajouterai-je que tout se modèle
sur ceux qui, d'en haut, donnent le premier
mouvement à une machine dont les rouages
s'étendent si loin d'eux ?

Mais avant de dire comment je mis le pied
sur ce dernier échelon, si faut-il bien que je
fasse encore mention d'une autre vicissitude
qui, après quatre ans de séjour sur les bords du
Rhin, me transporta, sans que j'y pensasse,
dans la patrie du Dante et de l'Arioste. Avec
un goût assez prononcé, dans ce temps, pour
les voyages, je n'eus garde de prendre le che-

min le plus court, et je fis si bien que je décrivis une courbe de quelques centaines de lieues, en Allemagne, avant de déboucher du Tyrol dans la ville qui a donné naissance à Catule et à Pline l'ancien.

Si je laissai bien vite la gauche de l'Adige et les Autrichiens que je n'aimais pas à y voir, surtout à une époque où j'avais remarqué tant de mouvemens parmi les troupes (1), je ne restai guère davantage dans le royaume d'Italie, qui venait d'être témoin de la grande et inutile cérémonie du couronnement. La cathédrale de Milan était loin encore d'être déblayée de tous les échaffaudages que l'on y avait construits à cet effet. Mais déjà le héros, récemment couronné, faisait parler de lui d'une autre manière, et le canon de la citadelle de Turin apprit bientôt la défaite du malencontreux Mack dans les plaines d'Ulm, que j'avais contemplées quelques semaines auparavant du haut d'une tour que ne manquent guère de visiter les voyageurs.

D'autres affaires, mais des affaires sur lesquelles il serait peu important que je m'arrêtasse, m'appelèrent à Gènes, après quelques

_____

(1) La guerre de 1805 éclata quelques semaines plus tard.

mois de séjour à Turin, où j'eusse assez aimé à vivre, si la fortune n'avait pas toujours été pour moi une si cruelle marâtre. Mais j'aurais peu désiré d'y être employé, surtout dans des fonctions telles que celles auxquelles je pouvais aspirer. Les Français, surtout ceux qui n'y accouraient que pour s'emparer des places que les nationaux se croyaient en droit de remplir, ne pouvaient guère se vanter d'y être vus de bon œil. Il en était de même encore dans la Ligurie, où je ne fis rien pour me fixer, quoiqu'on m'eût envoyé des lettres de recommandation pour divers préfets. Je les gardai en poche, et passai, sans beaucoup d'utilité, mon temps avec le Tasse et Goldoni.

J'étais loin toutefois de perdre de vue ma situation et mes devoirs; mais c'est dans l'ancienne France que je tenais à être employé. C'était une affaire qui se *traitait*, et je reçus enfin l'avis de repasser les monts et de me rendre en Alsace, *où je fus appelé* quelques mois après *aux fonctions très importantes* de percepteur de sept petites communes rurales. Il est vrai que l'on me dit que ce n'était qu'en attendant, et qu'il fallait m'acquérir des droits à quelque chose de mieux.

La position où le sort m'avait placé m'indiquait, du reste, jusqu'où il pouvait m'être per-

mis d'étendre mes vues, et je regardai comme
une nouvelle amélioration dans mon sort
une petite place qui me promettait une sorte
d'indépendance, à laquelle contribuerait encore
pour quelque chose le petit capital de celle qui
ne s'était associée à mon sort que pour être victime, plus tard, de tous les revers qui m'atten-
daient. Ce capital provenait de quelques épargnes qu'elle avait faites pendant le temps qu'elle
fut attachée à une dame du Nord qui fut sa
bienfaitrice et son amie, et qu'elle eut le malheur de perdre avant qu'elle eût fait pour elle
ce qu'elle lui avait fait espérer.

C'est dans cet état de choses que j'arrivai dans
la petite commune, chef-lieu de ma recette où,
contre mon attente, je trouvai une maison pas-
sable, avec un jardin, et plus loin des prés, un
ruisseau, des bouquets de bois, et des forêts
assez étendues dans le voisinage. Si rien de tout
cela ne m'appartenait, ma vue du moins pouvait en jouir, et par la pensée je pus voir, en
quelque sorte, réalisé un de ces rêves dont je
m'étais plu souvent à me bercer. Il ne s'agit,
pour être heureux, que de savoir mettre des
bornes à ses désirs, et surtout de savoir occuper ses loisirs. Ma ressource fut deux bonnes
bibliothèques qui se trouvaient dans le voisinage, et où je pus me procurer abondamment

toutes sortes de livres. Quant à la chasse qui
faisait les délassemens de bien des personnes
que je connus dans ce pays, je la leur laissai de
bon cœur, ainsi que le jeu et les réunions de
table.

§ II.

Dépôt de mendicité. Manière dont se fait sou-
vent le bien en administration.

On ne m'adressera pas, je pense, le reproche
d'avoir fait un long roman pour me transporter
au milieu de mes bons villageois, que je vois
encore du sein de la capitale où les tristes souvenirs que je recueille me reportent encore, par
la pensée, dans ces lieux agrestes que je par-
courus tant de fois, ou seul, ou avec ma petite famille. Où est-elle maintenant, hélas! Mais pourrais-je plaindre celles que la tombe a englouties
depuis, tandis que leur sœur, l'unique fille qui
me reste, pleure sur le sol étranger avec sa mère
les deux plus chères amies de son enfance à
jamais perdues pour elle et pour ses parens?
Déjà près de cinq années s'étaient écoulées
depuis mon arrivée dans ce pays, où tout semblait me faire croire que ma modeste position
était peu faite pour exciter l'envie ou la jalousie
de qui que ce soit. Si les fonctions que j'exerçais

sont de nature à donner lieu souvent à des désagrémens, jusqu'alors j'avais si bien réussi à
tout faire pour les éviter, que je croyais pouvoir me promettre qu'il en serait encore de
même dans la suite. Des circonstances bien
indépendantes de ma volonté me firent voir
bientôt jusqu'à quel point je m'étais abusé.

Si la guerre et les conquêtes étaient le principal objet du gouvernement de cette époque,
on sait qu'il donnait aussi beaucoup de soins à
l'administration intérieure du pays. Il n'est pas
douteux que sa volonté ne fût de faire le bien,
mais souvent les moyens furent si mal choisis,
qu'un abus détruit donna lieu à d'autres abus
plus grands. C'est ce qui arriva à l'occasion des
dépôts de mendicité qui furent créés dans le
courant de 1810. Des prélèvemens de toute espèce furent ordonnés sur les communes pour
faire face à ces dépenses, et l'on eut si peu
d'égards à leurs ressources, que l'on ne fut arrêté par aucune mesure inique et arbitraire, dès
qu'il fut question de grossir les fonds destinés
à l'établissement de celui du département dans
lequel je me trouvais. Ce n'était pas de préparer
un hospice où les pauvres seraient bien reçus,
où ils se hâteraient d'accourir qu'il s'agissait,
d'abord, mais bien de payer les entrepreneurs,
les fournisseurs, les employés de toute sorte

qui se pressaient à la curée, peu inquiets, pourvu qu'ils fissent leurs affaires, que l'établissement fût utile ou non. C'est un de ces inconvé-
niens qui ne se reproduisent que trop souvent
en France, dès qu'il est question de faire quelque chose pour l'utilité publique. Tout y est
tellement spéculation, que cette même utilité
publique n'est souvent qu'un prétexte dont se
servent les inventeurs de projets pour arriver
aux fins qu'ils se proposent.

Si mes communes, comme toutes les autres,
eurent beaucoup à se plaindre de ces prélèvemens, il s'en trouva six qui payèrent, ou qui
surent aviser à des moyens de rendre la charge
moins pénible. La septième s'en prit au receveur, c'est-à-dire à moi, comme si pour grossir mes remises d'une trentaine de francs, je
n'eusse pas craint de faire peser sur elle une
taxe arbitraire de six ou sept cents francs, qui
était le fait, comme ailleurs, d'un forcement
opéré par l'administration dans son budget.

Si les maires de village ne sont pas, en général, des aigles en fait d'administration, celui
de ma commune récalcitrante était le moins
propre à lui donner les éclaircissemens qui
eussent été nécessaires, dans cette occasion.
Dans l'incertitude d'un parti à prendre, il se
laissa circonvenir par son gendre, Guillaume D.

et deux ou trois individus qu'il s'était adjoints.
On verra, plus tard, pourquoi j'entre dans ces
détails qui, au premier abord, pourraient paraître superflus. Les hommes vils sont les mêmes
dans tous les temps et sous tous les gouverne-
mens. Toujours prêts à se mettre en mouvement, ce qui ne leur réussit pas une fois, ils le
tentent plus tard, et c'est ainsi qu'en 1816, ce
Guillaume D., devenu un personnage d'importance, du moins pour l'administration qui s'en
servit, se trouva à même de faire tout le mal
qu'il voulut.

Tout en rendant à ce pays la justice qui lui
est due, il n'en sera pas moins vrai de dire que
l'habitude des dénonciations et des procès y est
encore tellement enracinée qu'il n'en est pas où
l'on fasse une si grande consommation de papier timbré. Il serait inutile d'en expliquer la
cause qui, d'ailleurs, peut se comprendre, si
l'on songe combien les mauvais donneurs de
conseils ont intérêt à égarer les habitans cré-
dules et souvent obstinés de la campagne.

Ma place, avant mon entrée en fonctions,
avait été provisoirement gérée par un homme
qui en avait rempli de toutes les sortes, et qui
n'avait jamais pu se fixer à aucune. Dans un
temps, il avait tout refusé; plus tard on lui refusa tout, et malgré tous ses efforts, il ne put

devenir titulaire de la place dans laquelle je le supplantai sans le savoir. *Inde iræ*, mais il dissimula. Depuis il se fit praticien, rédacteur de pétitions, de libelles, de tout ce qu'on voulut, disposé qu'il était à faire flèche de tout bois. Parcourant tous les cabarets, écoutant tout, toujours à l'affût de ce qui se passait, à peine avait-il connaissance de quelque sujet de division entre des particuliers ou des communes, qu'il s'avançait, soufflait le feu de la discorde, envenimait tout, et ne s'arrêtait que pour faire l'offre de sa plume pour accuser et dénoncer. Quelques pièces d'argent d'abord, puis le portefeuille était ouvert, et tout se traitait alors au milieu des verres et des bouteilles. Rien ne se fait autrement entre gens de la campagne, car le vin donne des idées, et soutient le courage de celui qui ne peut s'appuyer sur la justice et le droit. Dans cet état de choses, à qui aurait pu mieux s'adresser Guillaume D. qu'à ce praticien qui trouva, avec le profit, l'occasion de se venger de la préférence que m'avait accordée sur lui l'administration? Son *factum* fut bientôt rédigé, et il le rendit complet, en m'imputant tout ce qu'il avait pratiqué lui-même pendant la durée de sa gestion provisoire (1).

---

(1) Dans les rapports que je dus avoir avec lui pour des

Il était d'usage (et sans doute, il en est encore de même aujourd'hui) de communiquer des pièces de cette nature à la partie intéressée pour qu'elle eût à fournir ses observations ou ses réponses. Aucune tâche ne m'eût été plus facile, mais ayant fait la remarque que les signataires de cette pétition demandaient l'envoi d'un commissaire pour examiner leurs réclamations, je crus, qu'au lieu de ces formes d'incidence auxquelles peut-être d'autres auraient eu recours, il valait mieux appuyer leur demande, et je le fis, tant j'étais persuadé que des explications données par un homme juste, impartial et éclairé seraient la meilleure voie de mettre promptement une fin à des difficultés suscitées seulement par l'ignorance et cet entêtement si commun aux chicaneurs de ce pays.

Mais je ne tardai pas à voir combien je m'étais étrangement trompé sur ce moyen dont j'avais si facilement admis l'emploi, car le commissaire Étienne P. qui fut nommé, à cet effet, n'arriva qu'avec le désir bien prononcé de faire des vacations, et de tout brouiller pour parvenir à ce but.

---

remises de comptes, j'eus l'occasion d'entrevoir une affaire qui lui aurait donné bien de l'embarras, si j'avais pensé que j'eusse mission de m'ériger en vil dénonciateur.

Cet homme dont j'avais souvent entendu
parler, sans avoir jamais eu rien à démêler avec
lui, ne se rappelait déjà plus la misérable chau-
mière où il avait reçu le jour, que pour porter
envie à ceux qui exerçaient des fonctions qu'il
se croyait propre à remplir. Destiné dès sa jeunesse à tenir l'alêne et la forme, la mort de son
père changea sa vocation et lui ouvrit une
carrière plus *brillante*, mais cela ne se fit point
sans quelques épreuves dont il aurait du se souvenir quelquefois. Il est vrai cependant qu'il
ne garda pas bien long-temps les oies sur les
champs, car il eut le bonheur d'être recueilli par
le curé de son village dont il était un peu parent,
et qui fit quelque chose pour son éducation.
Peut-être même serait-il venu à bout de le faire
entrer dans les ordres, sans la révolution qui le
jeta sur un autre théâtre. Avec le peu qu'il avait
pu apprendre ou retenir, il se soutint tant bien
que mal dans deux ou trois petites communes
où il exerça successivement la profession de
maître d'école. Plus tard, par une de ces chan-
ces dont il ne manqua pas d'avoir à se louer,
il parvint à s'introduire dans les bureaux de la
sous-préfecture, où il essaya de faire preuve de
ses connaissances en comptabilité qui, peu à
peu lui firent prendre rang parmi ces agens subalternes, ou ces commissaires, comme ils s'ap-

pelaient, que l'administration se trouvait trop
souvent forcée d'envoyer dans les communes
rurales pour prendre des renseignemens sur les
querelles ou les contestations qui les divisaient.
C'est ainsi que, pour la première fois, il lui fut
réservé de me donner un échantillon de sa manière d'opérer, dans la commune de Guillaume D.

Par suite d'usages qu'il serait assez difficile
de justifier, les frais de ces agens de l'administration étaient ordinairement taxés à douze francs
par jour, payables par l'une ou l'autre des parties à laquelle l'autorité donnait tort. Il était donc
de l'intérêt de ces hommes de multiplier les vacations le plus que possible, et personne ne
connut mieux ce secret qu'Étienne P. Avec peu
de moyens, une lenteur extrême dans tout ce
qu'il faisait, et bavard à l'excès, non moins peu
calcul que par goût, tout autre aurait fait en
une heure ce qui lui prenait toute une vacation.
Je n'ai jamais pu comprendre depuis comment
une administration, qui semblait se respecter,
pouvait se servir d'un brouillon de cette espèce,
d'un homme qui, loin de remplir avec conscience
les commissions dont on le chargeait, ne faisait
par sa présence, que tout diviser, tout enveni-
mer, et ne pouvait se retirer d'un lieu où il
avait été envoyé, sans y avoir multiplié les dis-

cordes et fomenté toutes les haines. C'était, en pire, tout le pendant de l'individu sur lequel j'ai dû m'arrêter plus haut.

On conçoit bien qu'il n'eut garde de rien déranger à son habitude dans la commune de Guillaume D. avec lequel il s'était concerté sur les moyens de me nuire, et tous deux avaient leurs vues. Depuis long-temps Étienne P. était à l'affût de toutes les perceptions vacantes, sans avoir jamais rien pu obtenir de ce côté. Je tenais même de très bonne part que c'était en pure perte qu'il renouvelait à chaque occasion ses demandes, mais il l'ignorait, et c'en était assez pour ne pas le décourager. De là son ardeur contre les comptables, chaque fois qu'il se présentait une occasion de leur rendre quelque mauvais service. Ce ne fut qu'après cette première attaque de sa part que je fus mis au fait de tout cela. Jusqu'alors je n'avais pas même eu l'idée de m'entretenir de lui en aucune manière.

Si une taxe illégale établie par l'administration sur la coupe d'affouage de la commune récalcitrante avait donné lieu à des plaintes bien fondées de la part des habitans, sans avoir toutefois aucun motif de s'en prendre à moi, cette affaire ne fut pas même abordée pendant les sept ou huit jours que le commissaire cher-

cha à s'occuper dans cette commune. Les habitans n'ayant aucun intérêt à le voir multiplier
inutilement ses vacations, perdirent patience,
et à son grand regret, la résolution fut prise d'y
mettre fin. Obligé alors de se retirer, cette affaire en resta là; son travail fut apprécié, et
jamais le mémoire qu'il ne manqua pas, sans
doute, de présenter, ne lui fut renvoyé, ni
taxé. Son seul dédommagement se borna à quelques unes de ces asperges qui croissaient dans
la forêt, et pour lesquelles il avait un goût tout
particulier. A cela, il faudrait encore joindre la
place de secrétaire de la mairie qu'il avait accep-
tée à titre d'encouragement. Mais il ne put la
garder que quelques mois, et cette faveur se
réduisit à peu de chose. Il est vrai que pour un
homme à qui tout était bon, c'était toujours
autant de pris. Les grandes choses viendraient
plus tard.

Tel fut, de ce côté, le résultat de cette opposition aussi mal dirigée que méchamment con-
seillée. De l'autre, c'est qu'il ne resta d'autre
ressource à cette petite population divisée que
de payer, sans autre satisfaction que la destitution du maire, beau-père de Guillaume D qui
suivit de près.

Tel est encore ce que me valut d'abord ce fa-

meux dépôt de mendicité. Mais ce n'était pas tout,
et l'avenir était là.

§ III.

Première invasion.

On connaît les résultats de la funeste campagne de 1812. Déjà même, dès le commencement de 1813, toutes sortes de charges extra-
ordinaires pesèrent sur les contribuables. Des
dons furent offerts, des avances furent demandées pour la remonte de la cavalerie, mais jusque
là, les maires restèrent seuls chargés de cette
sorte de comptabilité. Il n'en fut plus ainsi,
lorsque plus tard, il fallut aviser à l'approvision-
nement des places fortes de la frontière. Mais au
lieu de fournir en nature les réquisitions demandées, l'administration se crut en droit de traiter
avec des fournisseurs, qui livrèrent pour les
communes, à charge d'être remboursés par
elles (1). Ce fut, en conséquence, à chaque ins-

---

(1) Je ne citerai, pour exemple, que le vin qui fut conduit dans une forteresse. Les communes l'auraient fourni à
moins de vingt francs l'hectolitre. On le paya quarante
francs aux fournisseurs, mais c'étaient des amis de l'autorité! Qu'on juge du reste...

tant, de nouvelles répartitions pour lesquelles il ne fut plus possible de suffire à la confection des rôles supplétifs qu'elles demandaient. Il fallut alors avoir recours à des tarifs dont plus d'une fois l'administration supérieure avait elle-même donné l'exemple, et ce moyen fut loin d'être désapprouvé, dès qu'il ne s'agissait que d'avoir de l'argent, et promptement de l'argent. De là résulta nécessairement dans les affaires de comptabilité une complication qui ne fut rien encore, en comparaison de ce qui eut lieu, par suite des événemens qui se preparaient.

Ce fut par Basle, comme on sait, que débouchèrent, à la première invasion, la plus grande partie de ces phalanges de l'Est et du Nord qui fondirent tout à coup sur la France. J'en étais à quatre lieues, et placé sur la grande route, entre deux forteresses, j'eus tout le temps de faire une ample connaissance avec ces amis d'une nouvelle espèce. Sous ce rapport seul, je pourrais faire déjà un volume de mes souffrances, de celles de ma famille, des sacrifices sans nombre que je dus faire pendant six mois que dura l'entrée et le retour de ces innombrables légions. Pendant tout ce temps encore, ma maison, une des moins incommodes du village, et malheureusement trop bien située sur la route, ne cessa d'être encombrée de chefs et de soldats qu'il

s'agissait de nourrir et de ne laisser manquer de
rien pour n'en être pas maltraité. Mon intention
avait été, d'abord, de m'éloigner avant leur
entrée, ainsi que l'avaient fait d'autres de mes
collègues dont j'eus le malheur de ne pas suivre
l'exemple; mais je restai, et je puis le dire, par
plus d'un motif dont je pourrais me faire hon-
neur. Si jusqu'alors, j'avais partagé avec ceux
au milieu desquels je vivais les avantages de la
paix, j'aurais regardé comme peu généreux de
ne pas partager aussi les souffrances et les calamités de toute espèce qui pesèrent sur eux, de
ne pas chercher l'occasion de faire ce qui dépen-
drait de moi, sinon pour les soulager, du moins
pour les guider, et devenir quelquefois leur in-
terprète. Et je le fis, en effet, quoiqu'en ait
pu dire la cabale qui, plus tard, m'écrasa sans
pitié, ni remords. De tels hommes ne les connaissent pas.

Si, à ma place, ils s'étaient trouvés chargés
de toutes les rentrées que je dus opérer, à l'aide
des baïonnettes, je conçois bien qu'ils n'eussent
jamais connu les cruels embarras contre lesquels
j'ai du lutter, après la guerre et leurs persécutions, mais, du moins, ils auraient du se
contenter de mal agir, sans prêter aux autres
leurs mauvaises intentions. Avec ce qui leur
resta à faire, ils sont devenus riches: la pau-

vreté a été mon lot, et je suis loin d'en rougir.

Le calme cependant succéda à l'orage, et des mesures furent prescrites par l'administration, sur la fin de 1814, pour régulariser les affaires de comptabilité si prodigieusement multipliées par l'effet des circonstances. Déjà même on s'en occupait de tous côtés lorsqu'eurent lieu les événemens de 1815. Ils sont connus. Ce fut une répétition de ceux de l'année précédente, avec la différence que, dans la première invasion, j'en fus quitte pour nourrir et loger les soldats étrangers, et que la seconde fut faite si brusquement que je ne pus échapper au pillage, après avoir eu, de plus, pendant trois mois dans ma maison, les chefs de quelques régimens bien incomplets que l'on avait fort inutilement détachés sur cette frontière que franchit une armée de soixante ou quatre-vingt mille hommes.

§ IV.

Seconde invasion.

Si la première invasion avait amené peu de changemens dans le personnel de l'administration, il n'en fut pas de même à la seconde, et tout prit bientôt une autre face. Le gouvernement reconnut qu'il avait fait des fautes ; quel-

ques personnes donnèrent à cet aveu un sens
que je fus loin de partager. La manière dont on
s'y prit pour réparer des fautes, ce fut d'en
commettre de telles sortes qu'elles ameneraient
nécessairement les événemens dont nous venons
d'être témoins en 1830. Pour notre compte,
nous vîmes d'abord arriver dans cet arrondissement un jeune sous-préfet qu'il fallait bien
récompenser avec une place d'une promenade
qu'il avait faite à Gand, dans les cent jours,
tandis que son père était resté maire dans une
grande cité, disposé à servir celui que l'on
traita plus tard d'usurpateur (1).

Tout-à-fait étranger à l'administration, le
nouveau sous-préfet avait amené avec lui un
jeune homme qui n'y entendait pas davantage,
mais qui avait des qualités, sans doute, que lui
seul pouvait apprécier. La première opération
de ces nouveaux venus fut de faire maison nette
à la sous-préfecture, hormis un seul employé
qui ne dut sa conservation qu'à son insignifiance
et à ses opinions, s'il en avait. Tous les autres
furent remplacés par des intrigans qui surent
saisir l'a-propos, et mettre leur zèle en évidence

---

(1) Que le diable fut d'un côté ou de l'autre, il eut son
cierge, et c'est par cette duplicité que tant de gens surent se
maintenir au pouvoir.

pour le nouvel ordre de choses. Du reste, ce fut la tour de Babel, et ne pouvant s'entendre entr'eux, chacun en fit à sa manière, du moins en administration. En fait de jeu, de parties de plaisir, de cavalcades, ils furent si bien d'accord qu'un billard fut même établi dans une salle attenant aux bureaux, chose très commode pour se délasser des affaires qui n'avaient rapport qu'à l'intérêt public.

Il est vrai que les prêtres avaient offert leurs services, qu'ils avaient formé des conseils que l'on consultait pour la réorganisation du personnel, et que l'on ne pouvait plus entrer dans les bureaux de l'administration sans rencontrer de ces hommes en soutane, qui, le nez en l'air, le regard fier et dédaigneux, et sentant leur importance, s'agitaient de tant manières qu'ils semblaient dire qu'il n'était plus désormais de salut que par eux, et pour eux. *Ils étaient, en effet, maîtres de nouveau*, pour me servir de l'expression d'un de ces messieurs qui m'avait quelque peu regardé autrefois, et qui ne voyait plus en moi qu'un mécréant dont il était bon de s'éloigner. Il leur fallut d'abord des maires disposés à suivre toutes leurs volontés, à se ployer à tous leurs caprices : le reste viendrait plus tard, et tout cela ils l'obtinrent avec facilité d'un administrateur qui avait vraisem-

blablement reçu des ordres de ne leur rien
refuser.

C'est avec cette manière de travailler que sur
environ cent cinquante communes dont se
compose l'arrondissement, cent trente maires
furent révoqués tout d'un coup. Le jeune
chef de bureau à qui je témoignai mon étonnement sur tant de choix singuliers qui avaient
été faits, me répondit: « Qu'il ne s'agissait que
de prouver que l'on travaillait, et que peu im-
portaient les choix. » La préférence n'avait été
donnée qu'à ceux connus dans leurs communes
pour être les plus fanatiques et les plus bigots.

Pour donner un petit échantillon de la manière dont se traitaient les affaires, il suffira de
dire que ce même chef de bureau fit un jour
signer un arrêté qui commençait ainsi:

« Nous sous-préfet, etc., nommons le sieur
Chrisostome-Bonaventure--Rustique-Bruno-Ni-
caise Trompfuss, etc. » Cette kirielle de noms
de fantaisie était suivie d'une autre non moins
burlesque qu'il serait insipide de rapporter.
C'est ainsi que cette pièce fut signée sans être
examinée, et flanquée de plus du sceau fleur-
delisé.

On concevra sans peine tout le dégoût que
j'éprouvais dans les rapports que j'étais forcé
d'avoir avec des hommes qui oubliaient les con-

venances au point de recevoir avec d'horribles
grimaces et toutes sortes de singeries ridicules,
les pauvres administrés que leurs affaires appe-
laient nécessairement dans ces bureaux, où l'on
ne reprenait le sérieux que lorsqu'il s'agissait
de scruter la conduite et les opinions de l'un,
ou la religion de l'autre.

Si ce chef de bureau, qui était en même
temps contrôleur des contributions, connaissait
la mienne, il ne parut pas néanmoins m'en faire
un crime, du moins à en juger d'après l'accueil
qu'il me faisait. Car, dans le temps même où il
se plaisait à faire faire anti-chambre à Etienne
P., qui venait le solliciter en vain pour quelques commissions, il m'en offrit plusieurs que
je crus devoir refuser. A la manière dont il se
conduisait, il était impossible qu'il pût se soutenir long-temps, quelque prévenu en sa faveur
que fût le sous-préfet.

En effet, il se brouilla avec lui, quitta ses
bureaux et retourna tout entier à ses fonctions
de contrôleur, dans lesquelles il n'en agissait
pas avec moins de légèreté, ou d'extravagance
pour mieux dire. Ayant un parent à la cour
qui, depuis, a eu bien de la peine à le soutenir
dans ses fonctions de contrôleur (1), il s'avisa

_____

(1) Pendant les cent jours, il me montra deux cachets

un jour de faire venir une pacotille de décora-
tions du lys qu'il distribua aux premiers venus,
et puis de rire à la vue de ceux qu'il en avait
parés.

Celui qui fut choisi pour le remplacer eut
d'autres pensées, car après la révocation des
maires, devait venir le tour des percepteurs,
chose trop importante pour n'y pas donner une
attention toute particulière. Cet individu, or-
donnateur de crimes, lâche instrument de ma
ruine, rejeté depuis peu dans sa patrie, des départemens conquis où son oncle avait été directeur des contributions, sut profiter de l'occasion
pour lui rendre les services qu'il en attendait,
et rétablir en même temps ses affaires. Chargé
d'abord d'un travail assez insignifiant dans les
bureaux de l'administration où il fut admis, il
pensa à s'assurer quelque chose de mieux, et
c'est dans cette vue qu'il ne contribua pas pour
peu au renvoi du contrôleur, auquel il succéda
comme chef de bureau de comptabilité communale. Ce fut assez que cette place lui convînt,
sans qu'il fût question d'examiner s'il réunissait
les connaissances nécessaires pour la remplir.

---

qu'il avait fait graver en même temps : l'un avec l'aigle, et
l'autre avec des fleurs de lis. « L'un ou l'autre sera bon,
me dit-il, en riant. »

Et puis, s'il n'avait pu retenir beaucoup dans un apprentissage de trois semaines qu'il fit au chef-lieu du département, il lui resta la ressource de prendre des leçons et des renseignemens partout où il pourrait les trouver. Ce fut une bonne fortune pour Etienne P. qui, plus heureux qu'avec le cynique contrôleur, n'en fut plus réduit à faire inutilement de longues séances dans les anti-chambres. Loin de là, il fut accueilli, et ce fut avec plaisir que l'on reçut les renseignemens qu'il avait à donner, ou plutôt les délations dont il avait eu le temps de faire abondante provision. Elles pouvaient même devenir, pour lui, un chemin à la faveur, et tout étonné de cette nouvelle position, il n'eut plus d'autre pensée que d'en profiter. Cette heure de fortune après laquelle il soupirait depuis si long-temps, venait enfin de sonner, grace à l'inexpérience d'un chef de comptabilité qui, pourtant, saurait se passer de lui, dès qu'une fois il aurait atteint l'objet de ses vues.

Mais dans le temps où tout venait de changer pour lui d'une manière si avantageuse, il ne me fut pas difficile de me convaincre que j'aurais peu à m'en féliciter, car dans le même temps aussi tout avait tourné contre moi.

C'eût été, sans doute le cas, pour un homme prévoyant, auquel ne coûtent rien, ni les dé-

marches, ni les sollicitations, ni les offres de se
mettre en mouvement. Mais, le dirai-je? cette
tâche me parut au-dessus de mes forces, car on
ne peut demander avec confiance qu'à ceux que
l'on peut estimer et considérer. Et puis, il me
semblait aussi que l'homme ne doit chercher
d'autre appui que celui qu'il trouve dans sa
conscience et dans ses actions, qui seules doivent parler pour lui. Nourri de cette idée, de
laquelle je suis bien revenu, je me renfermai
chez moi, et dans moi, bien décidé à attendre
les événemens qui, d'après tout ce qui se passait
autour de moi, étaient cependant peu propres à
me rassurer. Les journaux n'étaient remplis que
de nombreuses destitutions, et quoiqu'il m'en
coûte, je dirai que je fus quelquefois assez
simple pour chercher à me persuader que ces
destitutions ne frappaient que ceux qui en
avaient fourni des motifs bien valables.

J'étais occupé, un soir, à me promener, en
idée avec Robinson dans son île où, dégoûté
de tout ce que je voyais, j'aurais voulu me trouver pour n'être plus témoin de tant de choses
qui attristaient mon ame, lorsque je reçus un
billet d'un de mes collégues qui m'engageait à
me rendre sur-le-champ chez lui. Quoiqu'il fût
déjà tard, et que j'eusse plus d'une lieue à faire
pour le joindre, je ne balançai pas à me rendre

à cette invitation. Il m'apprit qu'il tenait de bonne source que le sous-préfet allait faire partir le travail sur les percepteurs, dans lequel mon remplacement était proposé avec celui d'une grande partie de mes collégues, et qu'il n'avait échappé lui-même que par l'intervention d'un inspecteur général des finances. Il me conseilla de partir de suite, pour le chef-lieu du département. C'était le plus mauvais service qu'il pût me rendre, mais je n'eus pas le temps de réfléchir, et cette fausse démarche fut exécutée.

Je n'étais pas sans quelque appui au chef-lieu, et je ne m'en éloignai qu'avec l'assurance positive que je pouvais rester tranquille.

Une semblable promesse ne servit qu'à retarder ma chute, à laquelle il fallut travailler par d'autres moyens. On avait disposé de ma place, et c'est au cousin de l'infame chef de bureau de comptabilité, et de l'ancien directeur des contributions, député futur, qu'elle avait été donnée. J'ai su plus tard que le préfet, après s'être opposé à mon remplacement, avait fini par dire : « Eh bien, faites le vérifier, et s'il est en faute, nous agirons. »

Ce fut donner gain de cause à l'autorité dont dépendait mon sort et celui de ma famille. Je ferai connaître, plus tard, les raisons, outre celles qu'on peut pressentir d'avance, qu'avait

3

cet employé d'en agir avec tant d'audace contre
moi. Une sorte d'influence que lui donnait sa
position, renforcée encore du dehors, le mit à
même de disposer à son gré toutes les machinations qui lui étaient nécessaires. Il ne pouvait
m'en vouloir personnellement, dès l'instant que
je n'avais jamais eu avec lui aucune espèce de
rapport, et que ce n'était que depuis quelques
semaines seulement que j'avais eu l'occasion de
lui parler trois ou quatre fois.

§ V.

Apparition d'Étienne P.

Aucun instant ne fut perdu pour l'organisation de la cabale et du plan qui serait suivi. Des
mesures énergiques et soutenues devaient me
punir de la résistance que j'avais opposée d'a-
bord, et me faire perdre l'idée de tenter aucun
moyen d'échapper. De là des allées et des venues qui me firent penser que l'on était peu
disposé à tenir pour bonnes, à la sous-préfecture, les promesses qui m'avaient été faites au
chef-lieu. Sans croire cependant à la possibilité
de l'infame complot qui se tramait, je n'en fus
pas moins étonné de rencontrer, plus d'une
fois, Guillaume D. en conférence particulière

avec le chef de bureau L. et son guide temporaire Etienne P. La franchise était loin d'être
pour quelque chose dans ce triumvirat, où
chacun avait ses vues, bien déterminé à ne
rester dans l'alliance qu'autant qu'elle lui conviendrait. Mais ce n'est pas assez d'être méchant
pour tirer quelque profit du mal que l'on fait ;
il faut même y joindre la fourberie, et cette
ruse froide et calculée qui servit si bien à l'un
des trois, et ne fit de ses associés que d'ignobles
dupes.

C'est ainsi que, dans le moment où je cher-
chais encore à me persuader qu'il existait quelque protection contre les méchans et leurs com-
plots, je vis tout-à-coup arriver Etienne P. dans
mon bureau, suivi de tous les maires de mes
communes récemment nommés, au milieu desquels figurait Guillaume D., aussi fier de sa
nouvelle *dignité* qu'un paon qui fait la roue. Je
les avais tous connus, depuis dix ans qu'ils
étaient mes contribuables, et si la loyauté et la
justice des cinq principaux ne me laissaient aucun doute sur leurs intentions, je savais à quoi
m'en tenir à l'égard de Guillaume D., dont la
rancune depuis l'affaire du dépôt de mendicité
s'était réveillée, du moment où il avait compris
que ses nouvelles fonctions lui fourniraient des
moyens d'agir. Le septième, aussi ignorant que

vain de sa place et d'un peu de fortune, était un
étranger que je ne connaissais que depuis peu
de temps qu'il était venu s'établir dans une
commune dont l'administration ne lui avait été
donnée qu'à cause de sa complaisance pour un
prêtre.

· Dans cet état de choses, et fier de l'escorte
qu'il s'était faite, Etienne P. me fit alors connaître qu'en vertu d'une commission qu'il venait
de recevoir, laquelle, selon lui, lui donnait la
qualité de *représentant du sous-préfet* (bien
représenté, en effet!), il était chargé de vérifier
ma caisse et toutes mes écritures, non chez
moi, mais dans les mairies de chaque commune,
où j'aurais à me transporter successivement. Il
y avait là de quoi ample matière à des vacations.

Sur le refus formel qu'il fit de me donner
communication de l'arrêté de la sous-préfecture (1), qui le chargeait d'une opération aussi
étrange qu'illégale et peu nécessaire, je lui déclarai que je ne lui montrerais ni caisse, ni argent, et qu'il devait savoir qu'il fallait d'autres

---

(1) Cette administration reconnut si bien l'illégalité des
mesures qu'elle avait prescrites dans cet arrêté, que je ne
pus jamais en obtenir une copie certifiée. C'est dans l'ombre
et par des voies occultes qu'il fallait nécessairement agir.

formes que celles qu'il connaissait pour exercer ce droit. Ce refus donna lieu à un procès-verbal dans lequel je le laissai libre de mettre *telles formes* qu'il voulût.

Il ne s'en présenta pas moins, le jour suivant, à la mairie de ma commune, où il me fit demander les pièces nécessaires pour commencer ce qu'il appelait emphatiquement son opération.

Après quelques réflexions, je pensai qu'il serait bon de m'assurer positivement à quoi il en voulait venir. Mais si je cédai, ce ne fut néanmoins qu'avec la résolution d'opposer toute la résistance que me prescriraient les circonstances.

Lors même que j'aurais pu avoir quelque doute sur les motifs de cette mesure, ils auraient disparu dès le premier instant où je me trouvai en face d'un homme que je n'aurais pu mieux comparer qu'à ces individus d'une époque bien loin de nous, et dont le souvenir seul remplit l'ame de terreur. Ce ne fut point à une vérification qu'il procéda, mais à une inquisition sur laquelle pouvaient seules me rassurer mes actions et ma conduite. Etonné de ne voir arriver qu'avec peine, répugnance même, des contribuables qu'il s'était imaginé de voir accourir en foule pour porter des plaintes, surtout après

une époque où tant de recouvremens avaient
été ordonnés par voie d'exécution militaire, il
les fit appeler nominativement, avec injonction
de déférer sur-le-champ à sa demande. C'étaient
alors des questions, des enquêtes, sous les formes les plus captieuses, des investigations sans
fin sur tout ce qui me concernait. Ni soins, ni
peines, n'étaient épargnés pour les engager à
s'expliquer, pour leur faire entendre que le temps
était venu de parler, et qu'ils pouvaient le faire
sans crainte. En ajoutant qu'il avait un registre
ouvert et destiné à recevoir toutes les plaintes,
il ne craignit point de parler d'instructions occultes dont il pourrait faire tel usage qu'il lui
conviendrait. C'est ainsi que le *représentant*
d'un petit administrateur de province s'imagina
qu'il était tout fait pour remplir les fonctions
de grand inquisiteur.

On ne connaît que trop les dispositions des
habitans peu éclairés de la campagne à recevoir
toutes les impressions fâcheuses qu'on cherche
à leur communiquer. Il n'est donc pas douteux
que si, dans les temps d'orage qui venaient de
s'écouler, je me fusse écarté le moins du monde
de la ligne de mes devoirs pour exercer des
vexations ou commettre des actes arbitraires si
faciles avec l'emploi de la force armée, j'eusse
vu, avec les démonstrations hostiles de l'au-

torité contre moi, tous les habitans, sinon prêts
à me lapider, du moins, portés tous ensemble à
m'accabler de reproches et de malédictions. Eh
bien! malgré tous les efforts du représentant du
sous-préfet (puisqu'enfin ce magistrat voulait
être représenté par l'être le plus ignoble et le
plus scélérat), malgré tous ses efforts, dis-je,
pour ameuter tout le monde contre moi, les
choses furent telles dans ces premières réunions, et toutes celles qui suivirent pendant
trois mois que dura cette horrible inquisition,
sous le bon plaisir de l'autorité (1), que le
calme, l'ordre et la tranquillité, ne furent jamais troublés un seul instant, et que j'eus plus
d'une fois la satisfaction d'entendre ces habitans
de la campagne se demander entre eux à quoi
servaient toutes ces chicanes que l'on essayait
de me faire. Il se trouva même un maire qui fit
entendre au commissaire qu'il pouvait se dispenser de venir dans sa commune où son opération n'était nullement désirée. « Puisqu'il en
est ainsi, répondit-il, ce sera précisément chez
vous que j'irai, en sortant d'ici; » et cela eut

---

(1) On avait poussé la prévoyance jusqu'à obtenir du
nouveau receveur particulier, dont j'étais peu connu encore, qu'il ne serait fait aucun recouvrement dans la perception, jusqu'à l'issue des opérations du commissaire.

lieu, parce qu'il fallait faire voir que l'on était au-dessus de tout.

Mais je viens d'anticiper, et je sais que je ne puis courir aussi vite que je le désirerais. Je pris sur moi de laisser écouler quelques jours; mais ne pouvant plus me contenir sur les procédés atroces du commissaire, je me décidai à faire connaître sa conduite à la sous-préfecture qui, dès lors, s'il y avait eu le moindre respect pour les convenances, aurait dû se faire un devoir de mettre un terme à ses étranges persécutions.

Je lui exposai donc quelle avait été la manière d'opérer de cet agent subalterne sous l'adminis-tration précédente, à l'occasion du dépôt de mendicité. J'ajoutai que, dès cet instant, je n'a-vais plus pu douter de sa haine secrète contre moi, de son intention de me nuire en tout, soit dans l'espérance d'obtenir ma place, ou dans celle de s'acquérir un titre à des faveurs, en travaillant pour d'autres. Ce fait était palpable, dès que faute de mieux, et, sans doute, en at-tendant, il avait eu la bassesse d'accepter la mi-sérable place de greffier de la commune comme récompense de tout ce qu'il avait déjà essayé de faire contre moi dans cette occasion.

Je représentai ensuite que ma situation, à l'é-gard du trésor, était telle, et avait toujours été telle, que jamais aucune mesure désagréable

n'avait été provoquée de sa part contre moi,
et que rien, dans l'état présent, n'avait pu l'engager à prendre la moindre part à une opération qui ne pouvait être légalement confiée
qu'aux agens des finances reconnus par le gouvernement.

J'établis, en même temps, que sur sept communes, j'avais l'attestation de cinq maires, qui
déclaraient n'avoir provoqué en rien une opération qu'ils regardaient comme inutile. Quant
à la conduite de Guillaume D. et à celle de son
acolyte, elle fut mise sous le jour qu'elle devait
paraître.

Je dus faire remarquer également à des gens
qui ne paraissaient rien sentir par eux-mêmes,
que les embarras et les tribulations de deux invasions successives avaient mis dans l'impossibilité d'observer les formes prescrites en comptabilité, dans les temps ordinaires ; que, si
toutes sortes de contributions avaient été perçues au milieu des baïonnettes, il était de toute
justice d'accorder quelque délai pour régulariser les pièces de recettes et de dépenses; qu'au
surplus, si la cour des comptes avait accordé
une année aux comptables de son ressort pour
se mettre en règle, on ne pouvait refuser un
délai quelconque aux receveurs de la campagne, dont la position avait été bien plus dif-

ficile encore que celle des percepteurs de villes.

Et pour ne rien oublier, je demandai s'il était conforme aux règles d'une administration juste et paternelle de confier le sort et l'existence d'un père de famille, déjà ruiné par les désastres de la guerre, aux rapports d'un agent sans responsabilité, d'un commissaire qui avait déclaré à des personnes qui m'en avaient fait part, contre son attente, qu'il avait deux moyens pour me perdre, et qu'il saurait y parvenir par l'un ou par l'autre.

Cette pièce me fut renvoyée par la sous-préfecture, avec deux mots portant qu'il n'y avait pas lieu à délibérer sur ma demande. Le mépris de la défense fut même porté si loin, que le commissaire se chargea de m'annoncer que toutes mes démarches contre lui seraient inutiles, et que j'aurais beau frapper à toutes les portes, aucune ne me serait ouverte désormais. On peut croire facilement qu'à la manière dont je l'avais traité, son zèle pour les persécutions en reçut un nouveau degré de force.

J'ai déjà dit un mot des recouvremens de 1813, et de la manière précipitée avec laquelle on avait dû les faire. Ces sommes avaient été versées entre les mains des maires sur de simples quittances qui ne furent pas même échangées contre celles qui leur furent déliyrées. Cette formalité avait été d'autant plus facilement négligée, que l'administration, peu disposée à s'occuper de remboursemens qu'elle avait promis de faire, n'avait jusqu'àlors rien prescrit à ce sujet.

Le représentant du sous-préfet n'eut garde de perdre une si belle occasion d'en agir à sa manière. Le refus de l'autorité venait à peine de m'être notifié que son agent me fit la demande des rôles qui avaient servi pour ces recouvremens. Je lui donnai l'explication de ce qui s'était passé, et je dus avoir lieu de croire que mes réponses, appuyées de renseignemens que lui fournirent, en même temps, les maires, suffiraient pour lui faire sentir l'inutilité de la demande qu'il m'avait faite à ce sujet, et la difficulté en même temps d'y satisfaire.

J'étais à peine levé le lendemain, que je vis se diriger vers ma maison quatre hommes, à figure sinistre et rébarbative, tous choisis parmi ce qu'il y avait de plus ignoble et de plus mal famé dans la populace du chef-lieu de l'arrondissement. Je ne fus pas long-temps à savoir ce que cela signifiait. C'étaient quatre garnisaires que la sous-préfecture m'adressait, avec ordre de s'établir chez moi, à discrétion, jusqu'à ce que j'eusse fourni les pièces qui m'avaient été demandées par le commissaire. Il m'était, de plus, enjoint de leur payer, à chacun, deux francs par jour, indépendamment de la nourriture et du logement.

Un acte de cette sorte où l'arbitraire le plus révoltant se fait sentir, porte avec lui son cachet, et peint d'un trait une administration que l'on serait tenté de croire celle d'un pachalick d'Asie. Mais là encore, je pense qu'il y aurait une autre justice pour ceux mêmes qui auraient le plus encouru sa disgrace. Au reste, tout cela n'était encore que de petits coups d'essai.

Si, pendant trop long-temps, j'avais gémi sous le poids des logemens militaires, il sera vrai de dire que même, parmi les hordes barbares du Nord, jamais un seul individu ne fut tenté de me demander une pièce de monnaie, et que je fus toujours en paix avec eux, dès qu'une fois ils étaient logés, et qu'ils voyaient mes efforts pour leur fournir tout ce qui leur était nécessaire. Dans aucune circonstance, il ne fut cas de s'établir à discrétion chez moi.

D'un autre côté, je n'avais du que trop souvent employer les voies d'exécutions militaires sur lesquelles on ne m'avait pas laissé de choix. Mais, au milieu de ces rigueurs que je déplorais, et que j'adoucissais autant qu'il dépendait de moi, jamais il ne me vint dans l'idée d'envoyer quatre garnisaires à la fois chez le même retardataire, lors même que je l'eusse connu comme mon plus grand ennemi, et pourtant cela ne m'aurait coûté qu'une signature. Il n'y a que les lâches qui profitent des calamités publiques pour se venger et satisfaire des haines person-nelles.

Eh bien, ce que je n'avais ni fait ni éprouvé sous le joug des baïonnettes étrangères, où le recours contre l'arbitraire était si difficile, l'ad-ministration et son vil agent se chargea de le faire avec le rebut de la société. Pour dernière bravade, on ne me laissa pas ignorer que le choix de telles gens n'avait eu lieu que dans l'intention de me rendre leur présence plus in-supportable encore.

. Les fonctions du sous - préfet, absent depuis peu par congé (1), étaient alors gérées par un émigré, rentré depuis peu avec des pensions pour prix de services rendus au milieu des pha-langes ennemies pendant vingt ans (2). Ce fut

---

. (1) Il était venu faire un tour à Paris, où son séjour fut, dit-on, prolongé, par suite d'un duel ; mais il avait donné ses ordres, et les choses n'en allèrent que plus leur train pendant son absence.

(2) Si, plus tard, outre ses pensions et ses bois, il n'ob-tint pas une préfecture ou une sous-préfecture, il fut, du moins, nommé maire d'une ville très bien administrée, avant lui, par un ancien major dont il fut tout naturel de compter les services pour rien.

donc à lui que je dus m'adresser pour réclamer
contre cet acte inoui de méchanceté et d'arbitraire, mais je n'obtins qu'un refus sec, et des
reproches accompagnés de cette hauteur que
donne le pouvoir, et une prospérité inattendue.
J'avais déjà eu occasion, avant que le ciel se
couvrît pour moi d'un crêpe funèbre, de connaître quelle était sa manière de penser; car
non moins passionné pour la chasse que le
prince qui peut aujourd'hui se livrer tout entier
à son goût pour cet exercice, il n'attendait pas
moins que d'amener les paysans à traquer par
corvée, selon son bon plaisir. Ses fonctions de
maire de canton auront pu lui être de quelque
utilité à cet effet.

Ainsi, contre les règles de toute justice, et
seulement pour fournir des armes contre moi,
je dus me résoudre à faire un travail que les
maires n'avaient pas fourni dans le temps. Il me
prit près de cinq jours, malgré tout l'intérêt
que j'avais à me débarrasser promptement des
quatre hôtes incommodes qui mangeaient mon
pain, se noyaient dans mon vin, en attendant
les huit francs par jour qui leur seraient *réa-
lisés* à leur départ, car enfin, pour ne pas oublier ce trait de noirceur, ils avaient reçu l'ordre de ne pas sortir sans être payés, et je dus
produire leur quittance.

Dès que je fus débarrassé d'eux, je revins à l'idée de tenter un autre effort contre l'infame commissaire auquel j'avais du cette brutale visite. Il me fallait un congé de deux ou trois jours, je l'obtins, quoique avec peine, mais sans me croire tenu de le motiver. Je pris mes jambes, ou plutôt celles d'un cheval, et marchant toute la nuit, je me trouvai bien vite au chef-lieu du département. Ce voyage devait être suivi de bien d'autres, et en multipliant les vingt-quatre lieues que j'eus à faire chaque fois, j'aurais pu donner un coup-d'œil sur les pyrénées, et voir un peu aussi ce qui se passait de l'autre côté.

Si je ne pus arriver jusqu'au chef du département, trop occupé d'affaires plus importantes que celles d'une pauvre victime de sous-préfecture, je trouvai du moins quelqu'un qui m'écouta, et qui ne me ferma pas la porte, ainsi que le commissaire avait bien voulu me le faire entendre. Sur le rapport qui fut fait de la marche illégale suivie à mon égard, intervint un arrêté qui cassa celui de la sous-préfecture, et renvoya à un agent des finances le travail dont avait été chargé un homme *qui, par son caractère n'offrait nulle garantie de son opération.* Ces expressions devaient être reproduites dans plus d'une pièce encore.

Mais pour juger des choses, il faut se reporter aux temps et aux circonstances. Et ces circonstances étaient telles que, malgré la confiance
à laquelle auraient du avoir une part égale tous
les fonctionnaires indistinctement, le préfet n'accordait la sienne pour des affaires qui demandaient un peu d'attention, qu'à un contrôleur
dont la résidence était à douze lieues de lui, et
à dix de mon domicile. Des opinions très pro-
noncées lui avaient valu cette faveur, sur laquelle je n'avais rien à objecter, dès qu'on avait
pris le parti, non sans un peu d'hésitation, de
ne pas m'attaquer sur celles qu'on me supposait.
Dans ce cas, si la commission ne pouvait être
donnée au contrôleur de ma division que l'on
avait représenté comme étant trop mon ami, rien
n'aurait du empêcher, ce me semble, d'en char-
ger au moins quelqu'un du voisinage. Ainsi
tandis que d'un côté la sous-préfecture ne voulait pour ce travail qu'un homme capable de
tout, de l'autre on ne trouvait qu'un fonctionnaire à qui l'on pût s'en remettre avec confiance.
Pauvres administrés!!

Dans cet état de choses, il ne me resta d'autre parti que d'attendre et de revenir directe-
ment chez moi, ou plutôt à la sous-préfecture
pour dire un mot des nouvelles dispositions qui
avaient été prescrites. Oubliant alors qu'il était

redevenu Français depuis peu, et qu'il y avait
des lois protectrices de la liberté des citoyens,
le sous-préfet par *interim*, auquel je dus m'a-
dresser, n'attendit pas la fin de ce que j'avais à
lui dire pour se livrer à une explosion de fureur.
« Si j'avais pu deviner, me dit-il ensuite, que
votre intention était de vous rendre au chef-
lieu, j'aurais fait placer deux gendarmes à votre
porte. »

Cette sortie d'un homme qui n'avait dû
qu'aux événemens les plus déplorables de rentrer dans sa patrie n'a pas besoin de commen-
taire. Et telle est l'impression que j'en ressens
encore aujourd'hui, que ce ne serait qu'avec
une main tremblante que je pourrais essayer
de rendre quelque chose de l'indignation et du
mépris que j'éprouvai. Jamais, dans le temps
où l'on criait si fort contre le despotisme qui
écrasait tout, je n'aurais eu l'idée de quelque
chose de semblable. Et ce fut en se jouant ainsi
de toutes les convenances sociales et humaines
que des hommes de cette sorte prétendirent
gouverner !!

Un arrêté cassé, l'humiliation de céder devant un homme dont on a juré la perte, était
chose trop difficile à digérer pour une administration qui se croyait en droit de tout faire impunément. Une circonstance qu'on eût dit faite

exprès pour elle se présenta fort heureusement.
L'oncle du chef de bureau L. (et l'on sait de qui
je parle) avait su si bien préparer les voies qui le
meneraient plus loin, qu'il venait d'être nommé
maire d'une ville très importante de l'arrondissement. On n'attendait plus que le moment de
son installation, où devait se trouver le préfet,
et un fort détachement de la sous - préfecture.
Ces sortes de cérémonies sont ordinairement
suivies d'un bon repas, surtout dans une ville
dont le budget présente une masse assez com-
pacte. Au dessert, le champagne ne manque
pas de couler, et c'est alors que la confiance
s'établit, que l'on peut parler de ce qui a été
fait, de ce qui reste à faire encore. Les faux
rapports, la calomnie masquée sous le prétexte
de l'intérêt public, tout cela peut passer sans
qu'il soit question d'un examen fatigant. L'occasion fut sans doute saisie de parler de l'ha-
bileté du commissaire et d'arranger sa victime
comme elle devait l'être. Bref, l'absent qui n'a-
vait personne pour le soutenir eut tort, et le
procès fut gagné, c'est-à-dire qu'un arrêté qui
avait été délibéré et signé de sang froid dans un
bureau, fut anéanti à la suite d'un dîner, où il
fut décidé que je resterais sous la férule de l'a-
gent subalterne de la sous-préfecture, sauf la
réserve cependant qu'il me serait accordé une

contre-vérification, si je la demandais. Telle fut
la faiblesse que montra une administration,
chaque fois qu'il fut question de s'opposer à des
mesures désastreuses, tandis que l'autre fut toujours pleine de force, de vigueur et de constance,
lorsqu'il fut question de les exécuter.

Désormais sans ressource ni protection au
chef-lieu du département, je tournai un instant
mes yeux vers Paris, mais pour perdre bientôt
tout espoir de ce côté. Tout y était en mouvement dans les ministères, et si j'étais bien persuadé qu'on n'y avait pas ordonné des mesures
pareilles à celles dont j'étais victime, tout me
disait aussi que ce serait toujours aux autorités
locales qu'on s'en référerait, sauf à examiner
ensuite si elles avaient bien agi. Peut-être me
trompai-je, mais ce fut toutefois à cette idée
que je m'arrêtai, et dès lors il ne me resta plus
qu'à recueillir mes forces pour supporter toutes
les indignités et les tortures que l'administration et son commissaire me réservaient.

Dès lors encore, persuadé que toute lutte,
toute représentation deviendraient inutiles désormais, je pris le parti de laisser le commissaire
dire, agir et faire tout ce qu'il jugerait à pro-
pos au milieu de ceux qu'il ne réunissait jour-
nellement que par les moyens que j'ai indiqués
plus haut. Ce parti, le seul qui convenait alors.

à ma.manière de penser, ne laissa pas.que de
l'embarrasser, car, lors même qu'il m'eût ac-
cusé, comme l'a dit, je crois, La Bruyère, d'avoir
mis dans mes poches les tours de Notre-Dame,
il aurait voulu que j'eusse essayé de lui démon-
trer le contraire, n'eût-ce été que pour donner
créance à l'accusation.

Il ne fut pas plus heureux dans les investigations qu'il fit sur des choses parfaitement
étrangères au sujet dont il aurait dû s'occuper
exclusivement. Je ne sais si jadis l'inquisition
d'Espagne et du Portugal exerçait ses tortures
sur des matières autres que celles de la religion.
Pour lui, il se crut en droit de ne rien oublier,
et de porter son attention sur tout ce dont personne n'a le droit de s'enquérir. Mais cela m'é-
tait égal, parce que je ne crains pas de dire ce
que je suis, ce que j'ai été, ce que j'ai fait, ni
rien de ce que je pense.

Disposé à croire que ma religion serait un
moyen de soulèvement contre moi, il n'eut
garde de négliger ce chapitre, et toutefois il
en fut pour ses peines. Si, depuis dix ans j'étais
presque le seul protestant au milieu d'une
population toute catholique, je n'avais jamais
remarqué que les contribuables me vissent de
mauvais œil sous ce rapport. Jamais encore un
mot ne fut prononcé à cet égard, ni rien ne put

me faire croire que j'aurais inspiré plus de confiance si l'on m'avait vu à la messe, chose qui
souvent pourrait n'être pas indifférente au milieu d'une classe d'habitans aussi accessible aux
préventions. Ma manière d'être à l'égard des
curés fut toujours telle aussi que je n'eus jamais avec eux que des rapports de confiance et
d'estime. La nature de mes fonctions me mit
quelquefois dans le cas de leur rendre des services, et ce fut toujours avec empressement que
je le fis. Si après 1815 je crus remarquer un
changement dans les dispositions de quelques
uns, les apparences restèrent, et je ne pensai
point à m'enquérir de leurs rapports dans les
conseils où ils étaient appelés. Ce fut donc, je
le répète, pour le commissaire peine perdue
que tout ce qu'il essaya de faire pour présenter
les protestans sous un mauvais jour, et ennemis nés de la dynastie qui venait de retrouver
un trône d'où ne devaient émaner que des lois
pour les protéger à l'égal de tous les autres citoyens, et non des persécutions telles que celles
qui avaient eu lieu sous les règnes précédens.

Je ne m'arrêterai pas davantage sur d'autres
particularités de cette inquisition que l'infâme
agent de la sous-préfecture n'eut pas honte de
faire durer pendant trois mois. Son impudence
alla si loin, qu'il resta jusqu'à douze jours de

suite dans une commune qui ne comptait pas quarante feux. Mais quand il s'agit de perdre quelqu'un, il faut chercher partout, et se donner le temps de tout recueillir, surtout quand les vacations courent, et qu'on a reçu la promesse d'avance qu'elles seront taxées à douze francs par jour.

On concevra sans peine toute la patience dont je dus faire preuve pour supporter de si longues et si infames vexations. Mais je n'étais qu'au commencement de mes souffrances, et si le tour de l'un venait de finir, à quelques égards seulement, celui de l'administration était arrivé, et elle saurait me prouver l'usage qu'elle savait faire de sa force et de ses moyens.

§ VI.

Hostilités d'un nouveau genre.

Il est d'usage que toutes les fois qu'une opération de ce genre a eu lieu chez un comptable, il en est fait une expédition qui lui revient de droit. Ayant regardé le travail du représentant du sous-préfet comme illégal et non avenu, je fus loin de lui faire remarquer, en se retirant, qu'il manquait à cette formalité bien essen-

tielle. Il en avait foulé aux pieds tant d'autres,
que celle là n'était qu'une de plus, et j'avais laissé
tout passer inaperçu, sauf à me retrouver lorsque l'occasion serait venue. Ainsi je ne sus rien
d'abord de son opération que ce que me rap-
portèrent des tierces personnes. Amateur de
grosses plaisanteries, telles qu'il en pouvait faire,
il leur parla d'un bouquet de vingt-deux mille
francs qu'il m'avait donné, ce qui signifiait un
déficit de cette somme. Il ajouta qu'à l'appui
de cela, il avait un registre occulte qui serait
ouvert au besoin.

Mais une contre-vérification m'avait été promise, et dès ce moment elle ne pouvait être
confiée qu'à un agent de l'administration finan-
cière devant qui je m'étais réservé de m'expliquer, et de relever les erreurs, les doubles
emplois et les méchancetés de l'agent subalterne dont il m'avait fallu subir le joug.

C'est à l'autorité qu'il appartenait de prescrire
les dispositions de cette nouvelle mesure, et je
me hâtai de la réclamer comme y ayant droit,
lors même qu'elle ne m'aurait pas été solennellement promise. Mais ce n'étaient pas les intentions de la sous-préfecture, qui ne se sou-
ciait nullement de se voir arrêtée dans ses
projets à mon égard. Indigné des refus que
j'éprouvais, de toutes les raisons dont on cher-

cha à les appuyer, je déclarai que, de quelque
manière qu'on s'y prît, il faudrait à la fin que
j'obtinsse justice. « Justice, me dit le sous-préfet titulaire qui était enfin de retour, justice
vous sera rendue, mais justice rigoureuse. »

J'avouerai, à ma honte, que ce ne fut pas de
suite que je compris bien ce qu'avait voulu me
faire entendre ce digne magistrat. Depuis, j'ai
été persuadé que je n'aurais pas reçu une réponse si dure du chef le plus brutal d'une
horde sauvage de l'Afrique. ✦

Je n'ai pas eu souvent l'occasion de voir de
près des hommes coupables de grands crimes.
Mais de loin, comme de près, je les plaignais
comme je les plains encore et les plaindrai
toujours, et jamais l'idée ne pourrait me venir
d'insulter à leur malheur , car, en résumé,
qu'est-ce que la triste humanité ? et ne doit-on
pas gémir sur ses égaremens, sur les fautes des
êtres mal organisés, plutôt que de se réjouir
du plaisir barbare d'ajouter à leurs peines,
d'aggraver leurs punitions, et de leur fermer
tout espoir de retour ? Le sous - préfet, et un
petit nombre d'hommes auxquels j'eus affaire
à cette époque, ne l'entendaient pas ainsi, et
ils prirent pour modèle un homme dont les
sentimens étaient restés au niveau de l'échoppe
dont il était sorti.

Ce fut un autre voyage, et je le fis sans avoir les bottes du petit Poucet, qui dans ce temps-là m'auraient été fort utiles. En deux pas j'aurais été au chef-lieu, où il ne me fut pas difficile de reconnaître la nouvelle direction qui avait été donnée aux esprits, et surtout à celui d'un secrétaire intime qui disposait de tout en l'absence du préfet, presque toujours invisible. Ce ne fut qu'après avoir produit des mémoires, établi les erreurs, les faux, les doubles emplois d'Etienne P., que je parvins à faire comprendre qu'on ne pouvait me refuser la révision sur laquelle j'avais compté. Je n'eus rien pour me guider dans ce travail que ma mémoire et ce que j'avais pu saisir pendant l'opération du commissaire, qui ne m'avait laissé aucune pièce, ainsi que je l'ai déjà fait remarquer. Cette lutte ne dura pas moins de dix jours, à l'expiration desquels fut enfin prescrite la mesure sollicitée. Ce fut encore ce même homme de confiance de la préfecture qui fut désigné à cet effet. Dès lors je n'eus plus qu'à remonter en diligence pour venir attendre chez moi son arrivée (1).

_____

(1) Dès l'instant qu'une administration comptait pour rien tous les voyages que je devais faire, j'eus le tort de n'en pas faire un autre chez ce délégué avant de reprendre

C'était au beau milieu de la nuit que je m'en revenais, tout en gémissant sur mon sort, dont j'étais loin de connaître encore toute l'horreur. Je n'avais pas encore fait la moitié du chemin, que je m'entendis appeler d'une voiture de poste qui venait à ma rencontre. C'était ma femme, que je joignis, et je laissai la diligence. L'état dans lequel je la trouvai ne me laissa pas douter qu'il venait de se passer quelque chose de bien extraordinaire. Elle m'apprit d'abord qu'un huissier s'était présenté à mon domicile avec une sommation de lui payer une bagatelle de 980 francs, faisant le montant du mémoire auquel le sous-préfet avait taxé les vacations du commissaire (1).

C'était déjà quelque chose que les menaces d'un homme à figure sèche et rébarbative pour effrayer une femme peu accoutumée à de semblables visites. Mais ce n'était rien encore que cela, et deux gendarmes bien équipés vinrent

la route de mon domicile. Mais aurais-je pu supposer tous les moyens dont la sous-préfecture ferait usage pour m'accabler?

(1) Ce n'est ordinairement qu'après des demandes et des refus de paiement que l'on en vient à des voies de rigueur. Pour abréger les formalités, la sous-préfecture et son agent décidèrent qu'il fallait battre de suite en brèche.

aussi faire la leur en passant. Ne me trouvant pas, ils n'eurent rien de mieux à faire que de se retirer, sans toutefois faire connaître l'objet de leur visite.

Si j'eus besoin de me faire répéter toutes ces horreurs pour y croire, ce fut ensuite une autre lutte pour résister à des instances bien naturelles que se crut en droit de me faire ma femme par trop effrayée de l'acharnement qu'elle voyait se déployer contre moi.

Je pensai qu'il n'appartient qu'au coupable seul de fuir; que dès l'instant qu'un homme a le sentiment intime de n'avoir rien à se reprocher, il doit braver ses oppresseurs, et ne craindre aucun de leurs coups. Une route à gauche m'eût mis en quelques heures hors de l'atteinte de ceux qui m'en voulaient; mais je ne l'aurais pas prise pour tout au monde, et deux bons chevaux me reconduisirent tout droit dans le triste domicile où depuis l'entrée des alliés je m'étais vu exposé à tant d'agitations diverses. Toutefois celles que m'avaient causées les hordes étrangères n'étaient plus rien en comparaison de celles que j'éprouvais sous des administrations envoyées par CELUI qui ne voulait pas de titre plus doux que *celui de père de ses peuples.*

On concevra facilement que celui qui était

revenu de sa promenade de Gand avec un ruban et des éperons de chevalier ne put voir de bon œil que la préfecture m'eût accordé cette contre-vérification qu'il m'avait refusée en termes si durs, et à laquelle il était bien décidé à s'opposer de tout son pouvoir. Tel est ce qui avait donné lieu aux attaques simultanées dirigées contre moi pendant mon absence.

Toutefois quelques jours se passèrent sans que rien pût me faire croire qu'elles seraient renouvelées ou continuées. J'avais à préparer quelques matériaux, à rassembler des pièces qui pouvaient m'être demandées par l'*homme de confiance* du préfet à son arrivée, et je n'avais pas même l'idée de faire un pas hors de mon bureau, lorsque des gendarmes se présentèrent de nouveau chez moi. Ils avaient ordre de me conduire chez leur chef, qui me dirait de quoi il était question.

Que peut un homme contre la force, surtout quand il ne pense avoir aucun motif d'y résister? Aussi mon parti fut bientôt arrêté. Je pris ma canne, enfonçai mon chapeau sur ma tête, et me mis, pour la première fois de ma vie, en route avec des gens qui n'eurent pas grande peine à me surveiller.

Le zèle de ce lieutenant tout récemment nommé était connu, et ce n'était pas le cas d'observer ces formes toujours importunes pour quelqu'un qui n'a pu ou voulu s'en occuper chez l'étranger, ou dans le repos auquel il a été condamné pendant de longues années. Aussi une simple lettre du sous-préfet qui avait mis en avant la demande de *quelques maires* (Guillaume D. et son acolyte) lui avait suffi pour opérer mon arrestation. C'était dans la crainte, disait-on, que je ne m'éloignasse, et si l'on se fût expliqué avec franchise, pour me mettre dans l'impossibilité d'agir désormais pour ma défense. Car, en résumé, les voyages que j'avais déjà faits au chef-lieu, n'avaient pas laissé que de contrarier un peu.

Mais que faire d'un homme arrêté, lorsqu'on ne se croit pas encore assez fort pour le conduire tout droit en prison ? On l'envoie à l'auberge, surtout quand on pense qu'il pourra payer sa nourriture, celle de son surveillant, et lui mettre, par-dessus le marché, cinq francs par jour dans la main en *espèces métalliques et sonnantes;* et c'est ce qu'on fit, en dépit de tout ce que je pus dire et représenter. La force fait le droit : c'était de mode, et puis, avec tous ces moyens, ma ruine serait plus tôt complète. Il ne fallait pas que le commissaire eût le dédit des menaces qu'il m'avait faites, au commencement de *ses opérations*, à la suite desquelles, selon lui,

j'en serais réduit à *scier du bois*. Quand
toutes les harpies fondent à la fois sur un faible
individu pour le dépouiller, c'en est bientôt fait
de lui, et pour sa part, l'agent du sous-préfet
n'avait pas mal commencé. Les 980 francs de
vacations reviendront plus tard, car ce n'est
pas tout d'un trait que l'on peut mettre au jour
tant d'atrocités accumulées de gaîté de cœur.
Et qu'on soit bien persuadé que si ce hideux
tableau d'une administration est encore au-
dessous de la vérité, la plume ne m'en tremble
pas moins entre les doigts dans les efforts que je
fais pour l'achever.

Ainsi hors d'état d'agir désormais, ce ne fut
qu'avec une angoisse qu'on peut se représenter
que je vis les retards que souffrait l'arrivée du
délégué de la préfecture. Déjà plus de dix jours
s'étaient écoulés, sans que j'eusse reçu de réponse à toutes les lettres que j'avais écrites, et
n'y pouvant plus tenir, ce fut alors que ma
femme prit le parti de faire un nouveau voyage
de dix lieues sur un autre point du département.

Mais, hélas! ce délégué que le préfet avait
choisi de préférence à tant d'autres, était ma-
lade, et de plus surchargé de tant d'affaires qu'il
ne savait où donner de la tête. Le jour même
où ma femme arriva chez lui, il venait de ren-

voyer à la préfecture les pièces qui lui avaient été adressées, en sorte que tout était à recommencer, et qu'il faudrait de nouveau lutter contre des influences qui n'avaient pour objet que d'aggraver ma position déjà si triste.

Dans le cours de géographie pratique que dut faire celle qui courait désormais à ma place, du moins les affaires allaient grand train, sans que les diligences, les auberges et les gendarmes y perdissent quelque chose.

A défaut du fonctionnaire placé dans la première catégorie de ceux qui jouissaient de toute sa confiance, le préfet se trouva dans la nécessité de porter son choix sur un inspecteur des contributions qui, au moment de profiter d'un congé pour se rendre à Paris, n'hésita pas à retarder son départ, dès qu'il sut qu'il s'agissait d'une affaire qui intéressait si particulièrement le sort et l'existence de toute une famille.

Mais ce fut une autre question lorsqu'il fut arrivé. Éloigné de mon domicile où il s'était rendu, et sous la surveillance d'un gendarme sans lequel je ne pouvais faire un pas, ce ne fut pas sans beaucoup de peine que j'obtins du sous-préfet la faculté de pouvoir me rendre chez moi, en compagnie de l'homme aux cinq francs par jour, dont j'aurais de plus le cheval à nourrir. Alors commencèrent les opérations du délégué.

Pressé de marcher et d'aller vite, je ne m'arrêterai que sur deux circonstances qui, seules, suffirent pour le mettre à même de juger les personnes auxquelles j'avais affaire.

Lorsque vint le tour de Guillaume D. d'être entendu, au lieu de répondre aux questions qui lui furent faites sur les affaires qu'il s'agissait d'examiner, il fit lui-même à un fonctionnaire dont la caractère était connu, et commandait toute confiance, un interrogatoire tel qu'on ne l'aurait pas fait à un aventurier. Mais ce délégué de la première autorité du département n'étant pas tenu de faire preuve d'autant de patience que moi, ne supporta pas long - temps l'impudence de ce petit magistrat de village, qu'il mit à la porte sans beaucoup de façons, ce qui était un peu fort pour un homme si bien accueilli du sous-préfet.

Dans tous les cas, il est hors de doute que ce maire n'en avait agi ainsi que par suite des conseils qui lui avaient été donnés.

Le trait qui suit cesse d'être plaisant, et met dans tout son jour l'abus du pouvoir et la méchanceté de ceux qui en étaient revêtus. Une administration n'avait rien vu d'étrange à ce que son représentant employât trois mois de suite à forger, à chercher des matériaux pour opérer la ruine d'un père de famille, que l'on

n'eût pu priver de ses moyens de défense, dans
lé cas même encore où le travail de cet agent
aurait offert quelque garantie (1). Eh bien! que
fit cette administration? et croira-t-on que ce
délégué de la préfecture travaillait à peine depuis deux jours chez moi, lorsque le sous-préfet envoya l'ordre à son gendarme de me recon-
duire dans l'auberge où l'on m'écrasait de frais,
et cela seulement pour mettre l'inspecteur dans
l'impossibilité de continuer le travail commencé?
Ajouterai-je que ce ne fut que d'après une lettre
qu'il écrivit que j'obtins un jour de répit pour
le terminer à la hâte? Après de tels *faits*, quel
homme impartial et ami de la justice pourrait
retenir son indignation et son mépris?

On conçoit bien qu'une telle gêne, et si
peu de latitude accordée au redressement de
tant d'iniquités ne permirent pas à l'inspecteur de
porter son examen sur tout ce que j'aurais pu
lui indiquer. Il fallut s'en tenir aux points les

---

(1) La sous-préfecture en reconnut si bien le vice elle-
même, que de son propre mouvement elle réduisit à 16,000
francs le *bouquet* de son commissaire. Quelle confiance
pouvait donc inspirer un travail sur lequel on retranchait
6,000 francs d'un trait de plume, sans que j'aie jamais
cherché à connaître sur quoi avait porté une surcharge dont
les motifs se devinent?

plus essentiels , et la conclusion de son rapport fut que ma véritable situation ne serait établie que par l'apurement définitif des comptes que j'aurais à rendre.

Ce n'est point ici le cas d'entrer dans des détails de chiffres. Je me bornerai à dire que ce bouquet de vingt-deux mille ou de seize mille francs, se trouva réduit à moins de cinq mille francs grace aux forcemens de recette, aux rejets de dépenses et aux doubles emplois qu'il n'avait pas été permis d'examiner. Le résultat définitif sera connu ailleurs par les pièces justificatives, et dans lesquelles il a été établi que loin d'être en debet , j'étais en avance, et c'est ce dont je n'avais pas douté un seul instant, quoiqu'il s'agît de comptes qui s'élevaient à plus de cent soixante mille francs, à raison de toutes les affaires si multipliées pendant quatre ans.

Le délégué (1) de la préfecture ne se retira qu'avec la conviction que dans le cas même où

---

(1) Il ne fit point de visite à la sous-préfecture, et si on eut l'air de le trouver mauvais, ce fut encore à moi qu'on s'en prit, comme s'il m'eût appartenu de lui prescrire ses politesses. L'estime ne se commande pas, et celui qui se respecte ne fait des visites qu'à ceux qu'il en croit dignes.

j'aurais été reliquataire de quelque chose, il n'y avait nul péril pour les communes. Quant au trésor, j'eus toujours si peur d'être sous sa *férule*, que le dernier versement que je fis servit à constituer en partie l'avance dont je viens de parler, et qui, plus tard, tomba à la charge de mon successeur, qui ne s'en est pas trouvé plus mal, d'après les arrangemens auxquels j'ai dû souscrire. C'est à qui casse les branches de l'arbre tombé, comme dit Ménandre.

Ce n'est pas moi qui ai pu voir le rapport confidentiel de ce délégué, mais tout me dit qu'avec la droiture, l'humanité et la justice que j'eus occasion de lui reconnaître, il ne manqua pas de mettre sous les yeux de l'autorité toutes les impressions qu'il avait ressenties. Dès lors, j'eus quelque raison de m'attendre à voir cesser la mesure ruineuse et superflue prescrite si illégalement contre moi, et qui déjà durait depuis plus de trois semaines.

C'était au préfet à prononcer, et mon sort n'aurait pas été douteux avec une administration qui aurait su résister à des influences trop multipliées pour ne pas reconnaître de suite la partialité et les motifs de ceux qui cherchaient à détruire toutes les bonnes dispositions qu'elle pouvait avoir à mon égard.

Ainsi ce fut une autre lutte; elle fut même

5.

longue , en dépit de tous les efforts du sous-
préfet et de ses agens; car s'ils firent des voyages,
s'ils se mirent en quatre, ma femme trouva
aussi des diligences et des chevaux. Quel rôle
que celui d'une administration sans pudeur,
qui ne craint pas de lutter corps à corps avec un
faible individu auquel on vient d'ôter ses moyens
d'existence, sans qu'elle éprouve la moindre fa-
tigue, la moindre hésitation à lui porter les
derniers coups !

L'issue de cette lutte ne pouvait être dou-
teuse, car que peut le pot de terre contre le pot
de fer ? Déjà j'étais depuis trente-trois jours sous
la surveillance ruineuse des gendarmes dans
une auberge, lorsque le sous-préfet, à son retour d'un voyage au chef-lieu, montra tout à
coup des sentimens d'humanité que j'étais loin
de lui connaître. Car, considérant qu'il était convenable de m'épargner désormais de si fortes
dépenses, il prit sur lui de pourvoir à mon logement, et même à ma nourriture, si je voulais
me contenter de la ration commune. La maison
d'arrêt se trouvait à côté de son hôtel; il en fit
ouvrir et refermer la porte sur moi sans autre
forme qu'un simple ordre verbal de sa part. Il
comptait sur les arrangemens qu'il avait pris
avant son retour.

Mais pour croire possibles de pareilles choses,

il faut se reporter aux temps et aux circonstances, se transporter à cent lieues de la capitale,
dans une petite ville qui ne compte guère
que deux mille ames de population. On sait
ce qu'est, dans ce cas, la résistance qu'on peut
opposer, l'assistance sur laquelle on peut compter, quand il s'agit surtout d'époque où chacun
courtise l'autorité, craint de lui déplaire et ne
s'occupe que de ses propres affaires. De plus,
les dépositaires du pouvoir avaient reçu des ordres qu'ils savaient interpréter selon leurs besoins. Ces ordres leur donnaient sans doute
beaucoup de latitude, et c'est sur cela que s'appuya bien fort l'infame chef de bureau de comptabilité qui répondit à un avocat (1) qui lui fit

(1) C'est ce même avocat qui m'écrivit au moment où
ma détention arbitraire dur it déjà plus de trois semaines,
outre les trente-trois jours de surveillance illégale de gendarmerie, une lettre que je transcris ici, malgré la loi que
je me suis faite de n'y admettre rien de ce qui pourrait
embarrasser la marche de la narration.

« Monsieur,

« J'ai pris tous les jours des renseignemens sur votre ar-
« restation, tant chez le procureur du roi qu'à la sous-pré-
« fecture. Il n'existe encore aucune pièce, pas même l'au-

entendre quelque chose sur l'arbitraire de cette
détention , « qu'elle pouvait être légitimée au
« moyen des mesures de haute police. » Je n'aurais guère imaginé que moi, pauvre publicain,
étranger en tout aux affaires de politique, je
me verrais un jour logé par mesure de haute
police. Je ne parle pas de la nourriture, car,
malgré la bienveillance du sous-préfet, je ne
contractai nulle obligation à cet égard. Je serais
même en droit d'en dire autant à l'égard du
loyer. Je ne lui dus que le choix de l'hôtel,
chose qui me valut toutefois l'avantage d'être
son voisin.

Et c'est dans cette maison que je restai près

« torisation de M. le préfet, pour légitimer la mesure prise
« à votre égard.

« J'ai cru devoir vous communiquer ces renseignemens
« pour vous tranquilliser sur l'avenir.

« Agréez , Monsieur, l'assurance de mon dévouement
« particulier , et de ma considération. »

« *Signé* T. »

P. S. — « On ne se doute pas à l'administration que je
« prends intérêt à ce qui vous concerne : c'est un moyen de
« tout apprendre. »

Ce post-scriptum remarquable fait bien voir comme tout
se passe dans les petites villes. Quelle prudence!

d'un mois, avant qu'on voulût bien me dire pourquoi j'y étais, ou plutôt sur quoi on cherchait à m'attaquer. Un bel arrêté de la préfecture (1) fit enfin cesser mes incertitudes, et j'appris que, faute d'un déficit, on avait eu recours au registre occulte du commissaire, dans lequel se trouvaient consignées toutes les déla-tions qu'il avait provoquées à l'aide des machi-nations les plus infernales. Je fus tout résigné, car, au fait, ce n'était qu'une atrocité de plus ajoutée à bien d'autres atrocités. Il était dit que sur moi s'épuiseraient toutes les ressources de la malveillance et de l'arbitraire.

Si j'avais bien vite pris mon parti, je fus tout étonné, lorsque ma détention fut à la fin *régularisée*, de recevoir la visite de plusieurs personnes estimables qui toutes me firent com-pliment d'être désormais à l'abri des atteintes de l'administration qui, dès cet instant, n'avait plus de droit sur moi. C'était la juger d'une manière par trop favorable. On en sera bientôt convaincu;

---

(1) Tous les considérans ont cela de remarquable, qu'ils sont tous dirigés contre la mauvaise foi et l'incapacité du commissaire. Ce n'était que par complaisance, et presque à regret, que l'on voulait bien accorder quelque confiance à la partie de ce travail qui en méritait le moins, et dont il fut fait justice également.

car la première chose qui lui donna des regrets,
c'est que j'étais trop bien logé, et que je jouis-
sais de trop de liberté dans le maison qu'elle
m'avait choisie. Mais si l'on se fit rapporter tout
ce que je faisais et disais, sans me mettre en
peine de rien cacher (1) de tout ce que je devais
éprouver et sentir, il se trouva aussi des personnes du dehors à même de me faire part de ce qui
vint à leur connaissance.

Cette dernière remarque me force à dire un
mot de la maison où je me trouvais. Je laisse
les cachots que je n'eus jamais le courage de
visiter. Je ne vis également qu'une seule fois, et
par une curiosité qui fut bientôt satisfaite, le
premier étage où se trouvaient entassés dans une
grande salle une quarantaine de malheureux
qui n'en pouvaient sortir qu'à des heures réglées.
Plus haut était une autre salle où n'étaient ad-

---

(1) J'eus pendant quelque temps pour compagnon d'infortune un chef des douanes poursuivi avec d'autres par
un supérieur qui voulait faire preuve de zèle. Il me recom-
manda bien d'être discret, mais je ne tins compte de cet
avis. S'il avait eu des motifs pour se taire, c'est ce que j'i-
gnore : moi, je n'en avais aucun. Dans tous les cas, il fut
bien vite replacé, après le jugement qui l'acquitta, et cela
ne pouvait manquer à un homme qui avait pour parent le
chancelier D***.

mis que ceux pour lesquels on conservait encore quelques égards, peut-être par cela même
qu'ils pouvaient payer leur loyer et leur nourriture. L'inégalité des conditions se retrouve
partout, en dépit des philosophes. Mais là, plus
qu'ailleurs, c'est l'argent qui fait tout, et celui
qui n'aura pas de quoi payer un lit, courra le
risque de descendre et d'aller coucher à côté d'un
malheureux couvert de vermine.

Le nombre de ceux qui peuvent occuper cette
dernière salle est ordinairement assez petit, et je
n'y eus jamais que trois ou quatre compagnons
d'infortune, qui mangeaient à la table du con-
cierge. Ceux-là jouissaient seuls de la liberté de
parcourir toute la maison, de se mettre au courant de tout ce qui se passait au dedans et au dehors, de faire une partie le soir avec les amis
et les connaissances qui venaient les visiter. Il
se trouvait même des momens où celui qui n'aurait pas compté pour quelque chose la perte de
la liberté aurait vu le temps s'écouler d'une manière assez supportable.

Eh bien! c'est cela que m'envia encore le sous-
préfet qui ne craignit pas de faire entendre un
jour que je n'aurais pas dû être admis dans cette
salle particulière.

Mais si d'autres profitaient de cette liberté
pour se procurer des distractions à leur infor-

tune , j'eus, moi, d'autres affaires pour m'occuper, et ce fut d'abord la remise du service à mon
successeur, homme bien digne de son cousin, le
chef de bureau qui l'avait fait nommer. Il se
montra, en tout, le digne auxiliaire de la cabale,
dont les efforts auraient dû se ralentir, dès
l'instant que le but principal était atteint, et ne
fut atteint que par suite de la tournure qu'on
avait su donner aux choses.

Au nombre de ceux que j'eus pour compagnons d'infortune, je citerai un comptable qui
ne put s'en prendre qu'à lui de la position fâ-
cheuse dans laquelle il s'était mis. Si quelques
destitutions eurent lieu pendant les dix années
que je fus en exercice, elles ne tombèrent que
sur des hommes dont la négligence, l'incapacité
ou la mauvaise foi furent mises dans tout leur
jour. Celui dont je parle, grand amateur de la
chasse, du jeu, de la table et du vin, se trouva
deux fois dans le cas d'être destitué pour déficit dans sa caisse et ne le fut pas. Sa peine se
borna à des suspensions, à la suite desquelles,
il fut toujours réintégré à l'aide de sacrifices que
firent ses parens, et de la vente de ses proprié-
tés; il ne s'en corrigea pas davantage pour cela,
car, en 1816, la même chose lui arriva encore
pour une *bagatelle* de dix mille francs. Cette
fois, n'ayant plus rien à vendre, ni parens dis-

posés à payer ses prodigalités, il fut destitué, et de plus, abandonné aux poursuites dirigées contre lui par le receveur de l'arrondissement qui le fit arrêter. Le détournement des deniers publics est un crime, comme on le sait, puni de peines bien rigoureuses, car il ne s'agit de rien moins que des fers. La nouvelle administration où se trouvait un de ses parens, aurait pu le plaindre, rien de mieux, mais elle fit plus, car elle ne négligea rien pour retarder ou paralyser les mesures conservatrices que le trésor était tenu de prendre contre lui. Elle l'environna de sa protection à tel point qu'il pouvait sortir avec un homme qui en répondait, courir les cafés, ou se promener dans la campagne. S'il n'était pas dans mes principes de profiter d'une telle faveur, lors même qu'elle m'eût été accordée, j'aurais été loin cependant de voir de mauvais œil les consolations qu'on lui offrait si, dans le même temps, moi qui ne devais rien au trésor, ni aux communes, je n'avais vu tout ce que l'on faisait pour aggraver mes peines, pour prolonger mes souffrances et ma détention par tous les moyens qui étaient au pouvoir de l'autorité.

Ce que l'on ne doit pas laisser passer sous silence, c'est que ce mauvais percepteur était si fier de la protection qu'on lui accordait (et il ne put cependant toujours éluder sa mise en jugement) qu'il s'amusait souvent aux dépens de ses compagnons d'infortune, s'arrogeant jusqu'au droit de blâmer leur conduite et leurs opinions, ainsi qu'il le fit à l'égard d'un bon propriétaire, qui paya bien cher le cri de *vive l'empereur*, qui lui échappa une fois en sortant de table.

Les personnes dont les plaintes ou les délations avaient été enregistrées dans le travail occulte du commissaire venaient enfin de m'être connues, du moins celles dont les dispositions hostiles furent jugées propres à produire quelque effet. J'ignore ce qui s'y trouvait de plus, car jamais ce registre ne me fut communiqué. Au reste, c'était bien assez de quatorze ou quinze personnes prises sur sept communes, au nombre desquelles s'en trouvaient plus de la moitié contre lesquelles j'avais dû nécessairement, et plus d'une fois, diriger des poursuites. C'était le cas de prendre leur revanche. Les autres étaient de ces hommes prêts à tout dire et à tout faire, comme on ne manque jamais d'en rencontrer, même dans les plus petites communes. L'occasion n'était pas moins bonne pour ceux-ci que pour les autres, car je n'étais pour eux qu'un créancier envers lequel il y avait espoir de se libérer, sans rien débourser. Telle fut l'espèce d'hommes que l'on avait su réunir contre moi.

Mais aurait-on même choisi mes adversaires ou mes accusateurs dans une tout autre classe, je n'en aurais été ni plus embarrassé ni plus effrayé. On connaissait le provisoire dans lequel on avait vécu; l'administration avait dû le prescrire, y tenir, et ne s'en était pas trouvée plus mal. Elle avait disparu par les destitutions, et c'était une autre qui s'arrogeait le droit de trouver mauvais ce qu'elle n'avait pu, ni eu le temps de régulariser.

Dans cet état de choses, je ne pouvais donc demander que l'occasion de m'expliquer, ou si l'on veut, de me justifier promptement. Mais c'est ce qu'on ne voulait pas, et pour cela encore, il me fallut attendre tout du temps. Le nouveau procureur du roi, qui n'était arrivé qu'avec l'intention de faire preuve de zèle partout, ne fit d'abord qu'un avec la sous-préfecture, et cela devait être. Je ne sais si ce fut à cette circonstance que je dus de n'être pas même interrogé une seule fois pendant l'intervalle de trois grands mois d'une session de la cour d'assises à l'autre, de manière qu'il me fut facile d'entrevoir que tout était arrangé pour que je ne parusse qu'à la seconde, ce qui, au pis aller, ferait durer ma détention au-delà de six mois, et c'était toujours autant de pris. Il n'en aurait pas été autrement, lors même qu'il se fût agi du procès le plus compliqué. J'eus beau écrire, me plaindre, réclamer, on ne m'écouta pas plus que si j'eusse été hors du droit commun (1).

Mais il n'est si bonne amitié qui tienne, quand elle n'a d'autre base que l'emploi du pouvoir que chacun cherche à retenir pour soi. C'est ce qui arriva aux deux autorités dont je dépendais, qui ne purent s'accorder long-temps sur le partage de leurs attributions. De là haine et rancune aussi violente que l'amitié avait été intime, et du moins il en résulta quelque bien pour moi. Je fus mandé devant le juge d'instruction, et ce fut l'affaire de deux petites séances, d'une heure chacune. Mais près de trois mois de souffrances et d'agonie durent encore s'écouler avant les débats ; force me fut donc de prendre mon parti, et de laisser aller leur train aux choses.

La sous-préfecture, en adressant aux tribu-

---

(1) L'affaire dans laquelle se trouva le parent du chancelier, dont j'ai parlé, donna lieu à de longues informations en raison du nombre de personnes qui y furent impliquées et de la multitude de témoins qu'il fallut entendre, et cependant tout le monde cria au scandale, parce que leur détention fut d'environ quatre mois. Si ces gens eussent eu affaire avec ma sous-préfecture !!...

naux le travail occulte de son commissaire, n'a-
vait eu garde d'y joindre celui du délégué de la
haute administration, et cela se conçoit. J'étais
loin de me douter cependant de cette infame
trahison, qui ne me fut connue que par les
démarches que fit, d'office, le procureur du
roi, pour se faire remettre ce travail, et le rapport confidentiel qui l'accompagnait. La sous-
préfecture le refusa ; mais, pour ne pas demeu-
rer en reste, elle adressa à ce magistrat une
nouvelle dénonciation qui avait été dirigée,
bien entendu, par les soins de son commissaire
et de ses adhérens. La méchanceté doit avoir
des bornes, ou bien elle se perd elle-même.

Il fut alors de toute nécessité de faire inter-
venir le procureur-général, et, cette fois, il n'y
eut pas moyen de persister dans un refus qui
mettait dans tout son jour la malveillance la
mieux prononcée.

Qu'on ne s'imagine pas, toutefois, que l'administration n'eût encore quelque bon office à
me rendre, avant la session de la cour qui
allait s'ouvrir. Mon départ n'était plus différé
que de deux jours, lorsque la sous-préfecture,
qui ne comptait pas réellement sur le travail
de son commissaire, s'avisa de le faire corro-
borer par le contrôleur qui venait de remplacer celui que l'on n'avait pas voulu, sous le

prétexte qu'il était trop mon ami, et Dieu sait quelle espèce d'ami c'était! Mais son successeur, avec lequel je n'avais eu aucune relation, et qui méritait, par conséquent, toute confiance, ne répondit pas, cependant, d'une manière satisfaisante à l'objet qu'on s'en était promis. J'obtins, plus tard, copie de sa réponse, qui fait voir ce que ce nouveau fonctionnaire pensait de tout cela.

Enfin, je vis luire le jour qui ne serait pour moi que la fin d'un genre de tortures, car bien d'autres m'étaient réservées. J'avais cru devoir faire paraître, au besoin, un certain nombre de témoins, tous choisis parmi ce qu'il y avait de plus notable dans mes anciennes communes, tandis que l'on n'avait pu réunir contre moi que des individus perdus de réputation, et dont le métier était les délations et les procès. Tous avaient reçu leur leçon d'avance, et leur partialité fut si visible, que leurs propres efforts tournèrent contre eux. Si, dans le cours de mes infortunes, j'eus plus d'une fois l'occasion de trouver de la franchise et de la probité dans des gens que, dans d'autres temps, j'avais jugés trop sévèrement, je fus aussi dans le cas de rencontrer quelques individus qui firent preuve d'une scélératesse qui alla au-delà de tout ce que j'aurais pu imaginer. De ce nombre était un ancien maire, qui, par sa négligence et son inconduite, avait apporté le plus grand désordre dans ses affaires. Dix fois pour une, j'avais arrêté des saisies qu'on allait lui faire, et lui avais rendu dans toutes les circonstances des services qui furent oubliés, et cela, parce qu'à la fin, je fus obligé de prendre des mesures auxquelles je ne recourus que de toute nécessité. Mes revers de 1816 lui fournirent une occasion de me prouver jusqu'à quel point il savait porter la vengeance. Mais l'homme devrait-il jamais s'aveugler au point de se faire une jouissance des maux de ses semblables, et de chercher même à les aggraver? A mon tour, si j'avais été animé du même esprit, n'aurais-je pas joui, lorsque ce même homme, un an plus tard, vit, dans cette salle, où il fit preuve de tant de rancune contre moi, son fils condamné à cinq ans de fers pour s'être battu à coups de serpette dans une fête?

Entre plusieurs obligations que m'avait un autre individu que je me borne encore à signaler, il oublia qu'ayant un jour maltraité des soldats logés chez lui, ces étrangers, qui avaient la force en main, et qui ne voulaient pas se laisser insulter impunément, l'avaient déja lié et garotté pour le conduire au-delà du Rhin, où il eût payé chèrement son insolence. Informé de

6

ce qui se passait, je courus à une lieue de là,
chez le commandant, où je n'obtins qu'avec
beaucoup de peine que cette affaire n'aurait
pas de suite. Je fis même l'avance de ce qui fut
exigé pour une transaction à laquelle il dut
souscrire. J'en fus remboursé, ainsi que d'autres
prêts, par le zèle ardent qu'il déploya pour la
cabale qui lui avait fait entendre sans doute que
ce serait un moyen de se libérer. Telle fut, pour
le dire en un mot, la classe d'individus chez
lesquels l'administration n'hésita point à aller
chercher des auxiliaires. Mais ils furent appré-
ciés, non moins que les chefs qui les dirigèrent,
et dont le rôle fut aussi humiliant que mal soutenu.

Je n'avais eu de ma vie ni le temps ni l'occasion d'assister à une séance de cour d'assises,
et j'avoue que depuis je n'ai eu ni la pensée ni
l'envie de remettre le pied dans ces lieux où
tant de gens vont chercher des émotions, ou
satisfaire leur curiosité, et cela par suite de la
préférence que je donne à lire rapidement un
journal qui me donne des détails qui n'ont pu
être recueillis que dans de longues et souvent
pénibles audiences. Aussi je me trouvai si étranger à ma position, que je ne sus rien faire de
ce qui m'avait été recommandé à l'égard des
jurés à récuser, soit pour opinions trop pro-

noncées, ou comme tenant de trop près à l'administration. Du reste, il me sembla que justice ne pouvait m'être refusée de qui que ce fût, et je ne me trompai pas. La délibération ne dura que le temps de signer. Un seul fonctionnaire, qui tenait de près à la préfecture, se dispensa de prendre la plume, mais en observant que cela n'était pas nécessaire (1).

C'est ainsi qu'une séance de cinq ou six heures et cinq minutes de délibération mirent fin au procès que m'avait suscité la sous-préfecture, et pour lequel, au mépris de toutes les conventions humaines et sociales, j'avais été privé pendant près de huit mois de ma liberté, à une époque où il fallait payer cent francs un sac de blé. Mais on se tromperait si l'on imaginait que cette administration, lasse enfin de me persécuter, me permettrait de me reconnaître et de respirer quelques instans au milieu de mes désastres.

_____

(1) On ne pourra se dispenser de faire la remarque que si, à cette époque, il n'était pas sans danger de se trouver en butte à l'administration, ce danger était encore beaucoup plus grand pour un protestant, car il y a peu de doute que des ordres n'eussent été donnés de les traiter le moins bien que possible.

§ VII.

Continuation d'actes arbitraires.

A mon retour au chef-lieu de l'arrondissement, il me fallut bon gré mal gré me présenter devant celui qui se croyait si bien en
droit de disposer de la liberté, de l'existence et
du sort de ceux qu'il avait portés sur ses listes
de proscription. J'entrai précisément chez lui
dans un moment où il était en conférence avec
son infâme chef de bureau de comptabilité. Et
que l'on se figure ce que je dus éprouver, lorsque je sus que dans ce moment même il venait
d'être question d'une contrainte par corps
contre moi pour le paiement de sommes qu'on
savait, à n'en pouvoir douter, que je ne devais
pas. Quoique bien persuadé que ce vampire,
vomi par l'enfer pour travailler à ma ruine et
pour l'opérer, était capable de tout, j'avoue
cependant que je restai comme frappé de la
foudre à ce nouveau trait de scélératesse et de
méchanceté. Quand encore il eût eu des raisons
de me considérer comme un de ses mortels
ennemis, n'aurait-il pas dû se trouver suffisamment vengé et satisfait de trois mois de

vexations de son infame commissaire, de ses garnisaires, de ses gendarmes, d'une détention si longue et si ruineuse? N'était-ce pas assez pour le désarmer, pour mettre un terme à sa rage que la perte de ma place, ma famille sans asile et peut-être bientôt sans pain ? Ne devait-il enfin s'arrêter que lorsqu'il aurait épuisé sur moi toutes les ressources de son génie infernal, et qu'il se trouverait dans l'impuissance de rien faire de plus pour ajouter à mes maux?

Toutefois j'avais pris quelques mesures, au moyen desquelles le sous-préfet ne put donner suite à la proposition de son chef de bureau. Je les lui fis connaître, et il lui fallut alors m'accorder le temps nécessaire pour établir mes comptes dans les communes.

Aussi maltraité que je l'avais été et que je l'étais encore par une administration dont je ne pouvais espérer ni protection ni secours, c'eût été une tâche bien difficile que celle de me retrouver au milieu de mes anciennes communes, si en effet elles avaient eu quelques justes motifs de plaintes contre moi. Ainsi, n'ayant que ma personne et mes actions pour me protéger et me défendre, que serais-je devenu si, ne suivant que les insinuations perfides qui leur avaient été données, elles se fussent écartées de cette justice que j'étais en droit d'attendre d'elles et de tout le monde? Mais je la trouvai, je puis le dire, dans la masse de la population et des gens bien pensant; je la trouvai, en dépit de toutes les manœuvres que l'on fit agir sous main, et mes comptes furent arrêtés par tous les conseils municipaux, sans qu'aucun article pût donner lieu à la plus légère contestation.

Il n'appartient qu'à une commune de connaître ses affaires, d'en être juge, de régler ses dépenses, de les arrêter, ainsi que ses recettes, et l'administration ne peut s'ériger en tutrice que dans le cas où il s'agirait de réparer des négligences, ou de s'opposer à des prodigalités et à des faveurs. Pour des faveurs, on conçoit bien que je n'étais pas dans la position d'y compter, et ce fut beaucoup pour moi de faire fixer les recettes et admettre les dépenses bien constatées sur le vu de pièces à l'appui.

Toutes les opérations des communes, en matière de comptabilité, sont, comme on sait, soumises à l'autorité, qui prononce et appure définitivement. Mes comptes lui furent donc remis, revêtus de toutes les formes prescrites; mais c'est où m'attendait le chef de comptabilité qui, ne prenant d'autre guide, comme toujours, que sa rage et sa méchanceté, s'arrogea le droit de rejeter autant de dépenses qu'il le put, et ne s'arrêta que l'orsqu'il m'eut reconstitué un déficit tel qu'il le lui fallait. C'est dans cet état que ces comptes furent adressés à la préfecture pour les appurer et les revêtir de la dernière forme d'usage.

Ces opérations n'avaient pas laissé que de prendre du temps, malgré tout l'intérêt que j'avais à en finir le plutôt possible. Ce fut pour savoir où en étaient les choses que je me décidai à faire un nouveau voyage au chef-lieu du département, où j'eus bien vite connaissance de dernier tour que venait de me jouer la sous-préfecture. Il lui fallait à tout prix des contraintes par corps, comme s'il eût été question de remplir un engagement pris à cet effet, et je n'en puis douter, d'après tout ce que j'ai vu et entendu plus tard. Cette fois, je n'y pus plus tenir. Je sortis de ces bureaux stupéfait, presque anéanti, ne sachant ce que je faisais, ce que j'allais devenir, et c'est dans cet état que n'écoutant que mon désespoir et mon indignation, je me trouvai, sans presque m'en apercevoir, dans une diligence qui partait pour Paris, et dans laquelle je fis mes cent lieues, sans trop savoir ce que je venais faire dans cette capitale. Mais du moins j'y serais hors d'atteinte des Vandales qui me poursuivaient, et leur rage aurait le temps de se calmer.

Il m'aurait été peu utile de faire des réclamations, de m'adresser aux hommes du pouvoir : ce n'était pas le moment, et je restai coi. Je m'en tins à des négociations avec le bon département où l'on me traitait si bien; et si j'obtins l'assurance que des mesures plus justes seraient prescrites à mon égard, je ne le dus pas peu à des craintes que je n'eusse trouvé quelque protection dans la capitale.

C'est ainsi qu'après m'avoir occasioné les dépenses inutiles d'un séjour de huit mois que j'y fis, et seulement, dirai-je encore, *pour donner le temps aux passions de se calmer*, il fallut me décider à aller recommencer, de plus belle, un travail qui m'avait déjà fait essuyer tant de dégoûts, et qu'on ne me faisait refaire que pour se donner le plaisir de me pousser à bout. Pour la forme, il fut dit qu'un contrôleur me serait adjoint, mais un contrôleur que, légalement ou non, j'aurais à indemniser de mes propres deniers. Quand il s'agit de ruiner quelqu'un, il est bon de s'y prendre de toutes les manières.

Il serait fastidieux d'entrer dans tous les détails des opérations qu'on me fit faire, avant d'arriver à l'admission dans mes comptes de ces dépenses acceptées de prime-abord par les conseils municipaux. Ce fut pied à pied qu'il me fallut disputer le terrain pour obtenir ce que pouvait seule me refuser ou me contester une malveillance comme il n'en exista jamais.

C'est ainsi que ces comptes, dont l'appurement définitif n'aurait du être que l'affaire de quelques semaines, ne furent terminés qu'après deux années de combats de toute espèce. Un des motifs de cette lutte fut sans doute de s'opposer à ce que la mauvaise foi et l'incapacité du commissaire ne fussent mises dans tout leur jour, mais cela eut lieu, en dépit de toutes les machinations auxquelles on eut recours. En vertu d'une pièce que je puis produire, revêtue de toutes les formes, de la signature de mon successeur, et de celle d'un agent légal du trésor, il a été reconnu, ainsi que je l'ai déjà insinué, que j'étais en avance de plus de deux mille francs (1). Ce serait à l'auxiliaire de la ca-

_____

(1) Si un compte ne peut prendre place ici, je ne puis toutefois me refuser à transcrire la formule qui le termine, et telle qu'elle sortit de la plume même de mon successeur.

« Le présent compte a été arrêté par les sieurs H. et C., à « la somme de 2,102 fr. 43 cent., qui reviennent à *mon pré-* « *décesseur*, sauf erreurs, omissions et *autres prétentions* « *fondées quelconques*, etc.

bale la plus infame qui exista jamais, à dire de quelle manière il m'en tint compte. Que si je me répète à cet égard, c'est que j'ai le sentiment de mon droit, et que lui, il serait bien embarrassé de s'expliquer sans rougir, s'il en est capable.

Encore une réflexion que je ne puis passer sous silence. Ce fut sous le prétexte d'un déficit, *et dans la crainte que je ne m'éloignasse*, que l'on me mit trente-trois jours de suite sous la surveillance de la gendarmerie. Ce déficit n'ayant jamais existé, que dire après cela d'une mesure si révoltante, si arbitraire et si ruineuse (1).

« Fait en présence du contrôleur, qui a signé, et sous les « réserves de droit, etc. A   le 21 mai 1819.

C'est ainsi qu'après deux ans de lutte, fut anéanti le bouquet de 1816.

(1) Je crois avoir dit quelque part que j'en étais pour 12 à 15 francs par jour. Tous les matins une pièce de 5 francs devait se trouver pour le gendarme, et puis ses repas à l'auberge et les miens. O Attila!....

§ VIII.

Des vacations du commissaire.

Si je n'ai dit d'abord qu'un mot du salaire qu'osa prétendre l'infame artisan de ma ruine, c'est parce que d'autres *faits* qui se pressaient sous ma plume devaient avoir la priorité.

Ce fut, comme on l'a vu, au moment où l'autorité se servait du prétexte d'un déficit pour m'envoyer des gendarmes et me mettre hors d'état d'agir, que je reçus une sommation d'avoir à payer 980 francs pour le montant des vacations que la sous-préfecture s'était arrogé le droit de taxer au commissaire. Jamais acte de concussion ne fut ordonné d'une manière plus prompte et plus révoltante.

Il sera peut-être utile de faire la remarque que dans toutes les époques précédentes où il s'était agi de taxations de ce genre, jamais aucune n'avait eu lieu qu'en vertu d'un arrêté de la préfecture, rendu seulement lorsque le travail avait été mûrement examiné. Et souvent des commissaires avaient du attendre des mois, même des années, avant d'obtenir la remise de leur mémoire. Plus heureux, l'agent subalterne qui avait forgé les matériaux destinés à opérer la ruine d'une famille, n'eut besoin que d'attendre deux ou trois jours pour avoir entre ses mains un titre de plus, destiné a seconder les mesures que l'on prenait d'un autre côté.

On suppose bien toutefois que je ne me pressai guère de déférer à cette demande illégale. Ce refus ne laissa pas que d'embarrasser un peu, et ce fut seulement alors que l'on eut l'idée de faire homologuer par le préfet une pièce dont le vice de formes pouvait donner lieu à des contestations. Mais puisque cette sous-préfecture avait cherché dans des mesures *de haute police* les moyens de légitimer ma détention arbitraire, pourquoi ne chercha-t-elle pas aussi dans ces mêmes mesures des titres pour justifier des prélèvemens de mille francs sur chacun de ses administrés qui avaient encouru sa disgrace ?

Toutefois si ces retards pour se mettre en règle mirent dans la nécessité de ralentir un peu les poursuites, ils ne devaient nullement nuire aux intérêts d'un homme qui avait su prendre ses précautions. Dès le commencement de ses opérations, et bien prévenu que les frais en tomberaient à ma charge, sa prévoyance avait été telle, en poursuivant successivement

son inquisition dans toutes mes communes,
qu'il avait fait un rélevé de tous ceux de mes
débiteurs, sur la solidarité desquels on lui
avait donné des renseignemens favorables. Dès
que l'occasion fut venue, il ouvrit sa liste, et
fit faire chez eux des saisies-arrêts pour une
somme de plus de deux mille francs destinée à
assurer le paiement de ses vacations, et celui
des frais qu'il lui plairait de me faire pour y
parvenir. Il pensait à tout.

C'est de cette manière que je me trouvai, au
même instant, forcé de combattre tout à la
fois contre la sous - préfecture, qui tâtonnait
encore sur les moyens de donner suite à mon
arrestation, et contre son commissaire, qui
mettait sous le sequestre une des ressources
qui me restaient de pourvoir à l'existence de
ma famille dans ces temps calamiteux. On eût
dit que non contens de tout ce qu'ils faisaient
contre le chef, il fallait encore, pour que leur
satisfaction fût complète, qu'ils vissent reduits
à la misère une femme et trois enfans. La plume
me tombe des mains à l'idée que de tels hommes
ont pu connaître la prospérité !...

Cette formalité de la préfecture fut trop bien
recommandée pour se faire attendre long-temps;
et si elle ne fut pas telle qu'on l'aurait désirée,
du moins le commissaire put se consoler d'une

faible réduction d'environ cent francs (1). Le principal était d'avoir un titre pour continuer les poursuites. Il sut le faire valoir, car ce ne fut qu'au moyen de jugemens par défaut et d'oppositions que je parvins à obtenir quelques délais pour n'être pas dépouillé sur-le-champ.

Ce fut dans le cours de ces instances qu'arriva en tournée dans le département M. de B. , alors inspecteur général des finances. Je n'avais jamais été vérifié par lui, et je lui étais entièrement inconnu. Mais c'en fut assez pour ce digne agent supérieur de la trésorerie, à la justice et à l'humanité duquel je me plais aujourd'hui à rendre un hommage public, d'apprendre que j'étais dans la peine et victime du plus criant arbitraire, pour qu'il prît en considération le mémoire que je lui fis présenter. Arrivé quelques mois plus tôt, sa présence eût donné tout une autre face aux choses, et m'eût épargné bien des souffrances. Mais s'il ne dépendit pas de lui d'arrêter le torrent

(1) Ne serait-ce pas le cas de soulever une question, et de demander s'il appartient plus à un préfet qu'à un sous-préfet de frapper une taxe de 8 à 900 francs sur un malheureux que l'on vient de destituer, et cela seulement pour récompenser le vil agent dont l'administration s'est servie?

qui s'était débordé, il ne négligea rien du moins pour mettre des bornes à la rapacité du commissaire.

Ce ne fut pas assez pour lui d'écrire au préfet, de *témoigner son mécontentement sur cette étrange vérification*, il adressa de suite un rapport au ministre qui, d'après ce dont j'ai été informé, *invita ce magistrat à rapporter* l'arrêté qu'il avait rendu relatif aux taxations du commissaire, *auquel il était convenable de ne rien allouer* pour un travail fait si irrégulièrement.

Toutefois cette invitation bien précise, et fondée sur la justice et l'équité fut éludée en partie. Les entrailles du préfet ne purent se former à des obsessions renouvelées, et il prit sur lui, au mépris des ordres du ministre, d'allouer au commissaire une somme de trois cents francs, à titre d'indemnité seulement de ses déboursés, et non pour raison d'un travail quelconque. Ces pièces sont entre mes mains.

Une lacune se trouva dans cet arrêté ; car il n'y était point question des frais de poursuites que le commissaire avait si activement multipliés, qu'ils s'élevaient à près de cinq cents francs. Il me fallut donc laisser cette affaire *in statu quo* jusqu'au moment où je pourrais agir par moi-même. Toutefois ce ne fut pas un pe-

tit désappointement pour le commissaire de devoir attendre, dans cette incertitude, une bagatelle de trois cents francs au lieu de 980
qu'il s'était imaginé de pouvoir encaisser, avec
la pensée, sans doute, que 330 francs par mois
ce n'était pas trop pour le dédommager de l'infamie dont il s'était couvert en se faisant l'instrument de la ruine d'une famille.

Une autre mortification l'attendait encore.
A peine eut-il reçu la pièce qui fixait son indemnité, et non *ses honoraires*, comme il les
appelait, qu'un grand arrêté sortit des bureaux
de la préfecture pour être placardé dans toutes
les communes. Après des *considérans* dans lesquels il lui eût été difficile de ne pas se reconnaître, venaient des dispositions en vertu
desquelles aucun homme de son espèce ne
pourrait être chargé désormais de semblables
opérations. Ainsi s'évanouissaient tous ses plans
pour l'avenir; lui qui s'était promis tant de bé-
néfices dans l'usage de son *étamine*. Dès cet
instant finit sa carrière administrative, et toutes
les portes se fermèrent si bien sur lui qu'il
resta sur la rue. C'était un peu tard pour moi,
car le mal était fait, et ses coups avaient porté.

Cet arrêté fut également adressé au ministre
des finances, et l'on devine quels furent les
motifs de l'administration pour essayer de ce

replâtrage. Elle ne voulut que s'excuser, sans
s'inquiéter beaucoup de ce que deviendrait la
victime de sa condescendance.

Le temps arriva enfin où je pus former une
nouvelle demande relative au réglement des
frais de poursuites qui furent mis bien explici-
tement à la charge du commissaire. Mais si cette
dernière administration avait pris sur elle d'an-
nihiler une décision du ministre en ma faveur,
la sous-préfecture, à son tour, était-elle tenue
de faire plus de cas d'un arrêté qui rétablissait
mes droits? non, certes, et tout ce que je
tentai pour les faire valoir fut inutile. Je ne
devais m'attendre, au milieu de cette infernale
administration, qu'aux dénis de justice les plus
criants (1).

Ne pouvant rien obtenir de l'administration,
je pensai qu'il appartenait aux tribunaux de
rendre exécutoire l'arrêté de la préfecture relatif au réglement de ces frais. C'était tomber

_____

(1) Le chef du bureau de comptabilité, ce vandale dont
l'impudence et la scélératesse ne connaissaient point de bornes, ne craignoit pas de faire entendre un jour que j'aurais
du être tenu de payer les 980 francs à son commissaire. Se
sérait-il expliqué autrement, lors même qu'il y eût eu con-
vention de partage avec son guide, ainsi qu'on fut loin d'en
douter dans d'autres affaires?

de Carybde en Scylla. On me parla d'un conflit, et après un nouveau jugement qui pouvait seulement me servir à le faire régler, il ne me resta d'autres ressources, après deux années de contestation pour cette déplorable affaire, que de payer l'indemnité, et de faire l'avance de tous les frais de justice pour obtenir main-levée des saisies-arrêts. Cette indemnité et ces frais se montaient, au mépris des ordres du minis-tre, à près de neuf cents francs, dont je me vis impitoyablement dépouillé. Je le demande, je le demanderai sans cesse, eussé-je été plus maltraité par ces forbans de l'Afrique, contre lesquels on criait si fort, sans voir ce qui se passe si souvent chez nous, chrétiens et gens civilisés?

§ IX.

Retour sur quelques points. Turpitudes dévoilées.

Les *faits* bien exacts et trop vrais que je viens d'imputer au sieur L., chef de bureau de sous préfecture, et nommé plus tard contrôleur des contributions, n'ont encore fait connaître qu'une partie de sa conduite odieuse et crimi-nelle pendant le temps qu'il fut attaché à la fu-

neste administration qui se chargea d'opérer ma
uine. C'est aujourd'hui ou jamais que doivent
être dévoilées les menées de ceux qui trop long-
temps n'ont connu le pouvoir que pour en
abuser, que pour le faire servir à leurs intérêts,
et satisfaire en même temps leurs passions et
leurs haines particulières. Ce serait continuer
un funeste exemple que de les laisser jouir en
paix de ce qu'ils n'ont obtenu qu'à force de
bassesses et de turpitudes, et cela ne sera point
sous le ROI CITOYEN que la France appelait de
tous ses vœux, qu'elle a salué avec espoir et
confiance, qu'elle accompagnera de bénédic-
tions pour la nouvelle face qu'IL saura faire
prendre aux choses, avec des ministres et des
conseils qui se plairont à LE seconder, à LUI faire
entendre le langage de la vérité et de la justice.

En arrivant dans la perception dont je fus
titulaire pendant dix ans, j'entendis parler
beaucoup d'un contrôleur du voisinage qui venait d'être appelé comme directeur provisoire
des contributions dans une contrée de l'Allemagne, qui ne tarda pas à faire partie intégrale
de l'empire. A cette époque, il fut définitivement confirmé dans ses fonctions de directeur.

Au nombre de ses parens, qu'il se trouva dès
lors en état de placer, figura le futur chef de
bureau de comptabilité, qui quitta ses fonc-

tions de clerc d'huissier pour le joindre. Avec le temps, il fut nommé ou désigné pour celles de contrôleur.

Les événemens de 1814 les rejetèrent tous deux, ainsi que tant d'autres, sur l'antique sol de la patrie; et ce fut dans ces circonstances que, faute de mieux, l'ex-contrôleur trouva à s'employer dans la maison de roulage dont je crois avoir dit un mot. Elle pouvait en effet occuper des commis avec ses voitures de contrebande, traînées le plus souvent par huit ou dix chevaux, et pénétrant avec toute facilité dans l'intérieur, tandis que le petit colporteur d'une livre de sel ou de tabac était livré sans pitié aux cours prévôtales. C'était se trouver à une bonne école.

Il est à présumer que l'oncle ex-directeur ne resta pas oisif pendant cette première partie de la restauration, et qu'il sut se frayer quelques voies pour la seconde. En effet, il ne tarda pas à être appelé aux fonctions de maire d'une ville très importante de l'arrondissement dans lequel je me trouvais. Ce fut un échelon pour arriver plus loin; et l'avenir le prouva.

Rien ne fut plus facile alors que de mettre l'inséparable neveu en état de donner un bon coup de collier. De l'obscur bureau de roulage où sa science en était réduite à faire des factures,

on le vit s'élancer à la sous-préfecture, et bril-
ler bientôt au milieu des nouveaux employés
qui la faisaient marcher. Il ne fut toutefois à
son apogée que lorsqu'il put faire de la comptabilité, et travailler à l'exécution du plan qui
avait été tracé.

Après la recomposition des maires, à laquelle
il avait su ne pas rester étranger, devait suivre
le tour des percepteurs. Il s'agissait de faire
nommer à ces places des gens dont on connût
le dévoûment, et avant tout des parens. Le partage fut fait, et la fatale liste des *révocables* fut
bientôt dressée. Un protestant dut naturelle-
ment trouver sa place dans cette dernière catégorie.

Mais le projet fut éventé, et c'est alors que
mal conseillé, je fis comme d'autres, ainsi que
je me vois dans le cas de le répéter, la fausse
démarche de me rendre au chef lieu.

La trésorerie avait porté des plaintes plus
ou moins fondées contre un certain nombre
de mes anciens collègues. On s'en appuya, et
la sous-préfecture resta dans ses droits.

L'impossibilité d'alléguer contre moi les
mêmes motifs fit tourner les vues d'un autre
côté. On parla des plaintes de *quelques maires*
(Guillaume D.) et ce fut alors qu'il fut ques-

tion d'une vérification dont les résultats étaient connus avant de l'entreprendre.

Un nouveau chef qni entend peu de chose aux affaires communales a besoin de s'aider de tout, et c'est alors qu'il ne fit pas difficulté de recourir à Étienne P. ainsi qu'on l'a vu.

Bien éloigné de laisser deviner sa pensée, le chef de bureau reçut avec empressement toutes les assurances qu'il serait efficacement secondé dans tout ce qu'il aurait à prescrire, et le chat se mit à alonger sa patte, dévorant déjà de vue les marrons.

Mais pour agir, il faut des prétextes et des moyens, et un autre fourbe se trouva là à point nommé pour les fournir. Il crut voir aussi des marrons. Ce n'était que depuis douze ou treize ans que les perceptions avaient été mises sur le pied où elles sont actuellement. Jusqu'à-lors chaque commune avait eu son petit agent fiscal au rabais. A cette époque on ne parlait que de changemens et de retour vers l'ancien ordre de choses. Persuadé que cette marche ré-trograde pourrait lui être personnellement avantageuse, Guillaume D. s'imagina qu'il ne s'agirait que de me faire crouler pour réaliser ses vœux. Il se rappela son ancienne rancune, et tout fut remis sur le tapis. On l'accueillit, on encouragea ses plaintes, ses dénonciations, non dans son intérêt, mais par cela seulement qu'on en avait besoin. Quelques offres jointes à cela ne nuisirent pas aux affaires de l'un et soutinrent le zèle et la confiance de l'autre.

Ce n'est que d'après des *faits* que je parle, et pour ne laisser aucun doute sur ce que j'avance, je reviendrai encore à cette manie que l'on a pour les procès dans cet arrondissement. Rien n'égale, crois-je avoir dit, l'entêtement de ceux qui en sont une fois possédés. Aucun sacrifice ne leur coûte lorsqu'il s'agit d'affaires particulières, et moins encore lorsqu'il est question d'intérêts de communes. Ce n'est jamais qu'après l'événement que la masse réfléchit et reconnaît ceux qui l'ont égarée. Alors seulement chaque individu se croit en droit de parler, et ne cache plus son opinion.

Or, dans une de ces révisions de comptes que l'on me fit si cruellement et si iniquement recommencer plusieurs fois, le contrôleur qui m'accompagnait ne put pas douter plus que moi que l'on avait fait plusieurs ventes clandestines d'arbres dans la forêt, et que le maire Guillaume D. en avait touché le montant, disant.... Non, ce n'est pas moi qui répéterai l'affirmative qu'il peut être permis à un chef de bureau tel que.... et ses agens, d'avoir de bons trébuchets pour s'assurer si l'or est de poids.

Il est vrai que tout effet a sa cause, et il en faut plus d'une pour expliquer tout l'acharnement déployé contre moi.

Si je ne voulais abréger des détails sur lesquels je ne m'arrête qu'avec dégoût, je pourrais encore citer parmi les agens subalternes dont on réclama le secours dans cette trame odieuse, l'individu que Guillaume D. eut pour secrétaire pendant quelques mois. C'était un ancien lieutenant de douanes révoqué pour des faux et des prévarications qui l'eussent envoyé à Toulon, si la guerre ne lui eût fourni les moyens de faire cesser les poursuites. Mes torts envers lui auparavant avaient été de le soulager plus d'une fois dans sa misère. Son ardeur à seconder les vues de ceux qui l'employèrent n'en fut que plus grande dès qu'il se vit dans une nouvelle position de faire le mal. Au reste, sa prospérité ne fut pas de longue durée : plus tard je l'ai vu, brisant des pierres sur la route pour avoir un morceau de pain, et en définitive, chargé de fers et conduit en prison pour y attendre le châtiment de ses crimes.

Après avoir énoncé les motifs qui faisaient agir tous ces hommes, c'est au chef de comptabilité, à qui tout réussit au gré de ses vœux, qu'il faut en revenir. Son parent eut ma place, ou plutôt les parens et les amis de son oncle

eurent toutes les places qui leur avaient été
promises, soit celles de maires, percepteurs
ou autres. C'était bien le moins que tous ces
gens fissent quelque chose dans l'occasion pour
témoigner leur reconnaissance et prouver leur
dévoûment. C'était là dessus que l'ex-directeur
avait compté pour être député, et il le fut. Ce
point essentiel obtenu, tout deviendrait facile
pour arriver plus loin. Il ne fallait pas moins
en effet qu'une bonne direction pour le dédommager des frais d'enregistrement des ac-
quisitions simulées qu'il avait faites pour avoir
le cens, et celui des actes de rétrocession qui
suivirent. Seulement alors il put se rire de ceux
qui l'avaient nommé, et s'asseoir au milieu de
ceux qui, dînant bien, laissaient aux autres le
soin de monter à la tribune, où on le vit cependant une fois, mais pour faire une demande
injuste (1). Tel fut le résultat auquel on arriva
par des moyens préparés de si loin.

Cette nouvelle position, *fruit* de la tromperie
et de la duplicité, le mit dans le cas de récom-

---

(1) Le ministre avait si bien apprécié le dévoûment de
ce fonctionnaire, qu'il le nomma président du même col-
lége, lorsqu'il fallut procéder à une réélection de députés.
Soit qu'il n'eût pas tenu toutes ses promesses, ou qu'on
n'attendît plus rien de lui, tout le monde lui tourna le
dos. Il obtint une voix, et de qui était-elle?....

penser le digne chef de comptabilité, pour
lequel se retrouverait aussi bientôt une place de
contrôleur, et dès cet instant il put tirer sa ré-
vérence au sous-préfet, et faire un tour de
pirouette en quittant ses bureaux. Ainsi vont
les choses dans ce meilleur des mondes possibles.

Mais quel fut le sort des boucs après la fuite
du renard ou des renards ? Je l'ai déjà dit,
quant à ce qui concerne Étienne P., naguère
représentant d'un sous-préfet, et redevenu tout
à coup petit patricien, sans trouver plus personne disposé à faire usage de sa plume vénale,
même pour des délations. C'était être cruellement joué, mais le mal était sans remède, dès
qu'aucun de ceux qui l'avaient accueilli un instant ne se trouvait plus dans ces bureaux où
ils avaient fait leurs affaires, sans s'inquiéter
beaucoup de ce que deviendraient les siennes.

Son complice Guillaume D. ne fut pas plus
heureux : un mot achevera de le peindre.

J'avais eu successivement chez moi, pendant
les cent jours, des chefs et des officiers des quatre petits régimens qui avaient été détachés sur
cette frontière. Mieux peut-être aurait valu
qu'on l'eût laissée ouverte, car le résultat fut le
même. Tous ces militaires ne me cachèrent pas
qu'il pourrait bien y avoir quelque affaire dans

la commune que j'habitais, eu égard à sa position et aux points de défense qu'offraient les
environs. Le chef d'un parc d'artillerie me montra même une place où il irait faire jouer ses
pièces. Tous m'engagèrent, en conséquence, à
m'éloigner de la route, et c'est ce dont je m'oc-
cupai, dès que l'on apprit que l'ennemi avait
franchi la frontière. Le maire et d'autres habitans d'une commune voisine accoururent pour
m'aider à transporter le peu de meubles que je
pourrais enlever en aussi peu de temps. Que fit
Guillaume D à une époque où je ne m'étais jamais souvenu qu'il avait été, et qu'il était encore
mon ennemi? Croira-t-on que, dans ces momens
de calamité, il ne s'occupa que de sa rancune,
et qu'il lui échappa de dire que les honnêtes
contribuables qui venaient à mon secours, fe-
raient bien mieux de rester chez eux?

Cependant, celui qui s'amusait des engoisses
des autres, pensa lui-même, dès le lendemain
matin, qu'il ferait bien aussi de s'éloigner. Mais
il était déjà un peu tard, car, à peine fut-il en
route avec les trois chevaux qu'il avait à sa voiture, qu'ils en furent arrachés pour servir à des
convois de blessés. Il devint alors ce qu'il put
avec ses effets, dont une partie fut pillée : leçon
un peu forte pour celui qui se réjouissait du
mal des autres.

Il parvint cependant, peu après, à rentrer dans la possession de deux de ses chevaux, mais le troisième devait lui coûter cher. Dans le plus fort de l'ardeur que lui donnait sa qualité de maire, il crut reconnaître son cheval attelé à une voiture qui s'avançait tranquillement sur la route. L'arrêter, le faire enlever de vive force, et le conduire chez lui, cela ne fut que l'affaire d'un instant; mais cette affaire toute simple donna lieu à un procès bien long, bien compliqué, dont tous les frais tombèrent, en définitive, à sa charge, car il le perdit, et lui coûta plus de 3,000 francs. Le dépit qu'il en eut fut tel, qu'il donna sa démission de maire, et que ce fut à qui le honnirait dans sa commune. Tout le mal qu'il s'était vanté de m'avoir fait, ajouta encore aux humiliations dont il fut accablé. Ainsi finit la carrière administrative de cet élu de la sous-préfecture, qui ne l'avait soutenu, dans ses extravagances et ses méchancetés, que pour en recueillir elle-même le fruit (1).

_____

(1) Ses bravades furent portées à un tel excès, que dans le temps où la sous-préfecture se donnait le plaisir de me ruiner avec ses gendarmes dans une auberge, il y vint, avec le vil secrétaire dont j'ai parlé, boire deux ou trois bouteilles de vin fin, et cela seulement pour jouir de ma peine, et sans doute aussi pour me provoquer. L'accueil

Avec tout le désir que j'ai de m'éloigner d'un homme dont le souvenir produit sur moi les plus pénibles sensations, il me reste encore un *fait* cependant, que je ne puis me dispenser d'établir, comme ayant été omis, lorsque j'ai parlé des révisions de comptes où j'étais accompagné du contrôleur. Un contribuable, qui ne se crut plus dans l'obligation d'avoir des ménagemens pour un homme que l'on avait écouté ou craint pendant quelque temps, apporta des quittances qu'il déclara avoir été altérées et falsifiées par l'ex-représentant de la sous-préfecture, et de concert avec le maire. Un procès-verbal de cette déclaration fut dressé de suite, et, de ce fait bien établi, résulte que c'est de pièces rédigées par le faussaire le plus déhonté, et le plus incapable en même temps, que la sous-préfecture a fait usage pour opérer ma ruine.

Une autre pièce, que j'ai également conservée, vient à l'appui de ce que j'ai dit sur l'usage qui fut fait du produit de ces ventes de bois

qu'il reçut lui fit sentir qu'il aurait tout aussi bien fait d'aller ailleurs, et il lui fallut renoncer à se procurer désormais ce plaisir. Ce n'est pas assez d'être dévôt, et d'avoir, comme lui, deux oncles curés pour braver impunément toutes les convenances.

clandestines qui eurent lieu dans la forêt communale, et dont l'auteur aurait dû être poursuivi, s'il n'eût pas reçu d'avance un brevet
d'impunité.

§ X.

Une autre bouc. La Cloche.

Je dirai encore ici un mot de cet autre maire
de nouvelle création, homme incapable, qui,
n'ayant ni expérience, ni connaissance des affaires, ne sut pas même s'environner de gens
propres à le diriger dans ses nouvelles fonctions.
S'il fit, s'il dit quelque chose contre moi, ce fut
sans conviction, sans avoir même aucun but
avoué, et la preuve en est, qu'il n'eut jamais le
courage de manifester ostensiblement les intentions qu'on lui prêta. Le rôle de cet adversaire
se réduisit donc à souscrire tacitement à tout ce
que l'on ferait contre moi. Il n'appartient, ce
me semble, qu'à un lâche d'en agir de cette
sorte. Aussi, ne put-il long-temps s'énorgueillir
de sa qualité de maire, qu'il perdit par suite
d'une affaire dont je dirai quelques mots.

J'avais vu un curé s'écrier au milieu de la
scène de désolation produite par la dernière ar-

ruption des alliés : « Ils sont rentrés, nous voilà maîtres de nouveau. » Et, pour être maître, il fallait qu'il fût tout, et que l'administration cessât d'être quelque chose. Son premier soin fut de faire fondre des cloches dans une assez belle cure qu'il sut se faire donner; et, de tous côtés, il ne fut plus question que de cloches, dans le temps où il eût été tout aussi bon d'employer les ressources des petites communes à faire l'acquisition de pompes à incendie. Mais c'est du bruit qu'il faut, et une seule cloche n'en faisait pas assez dans la commune où mon nouveau maire était pressé de se distinguer, et de faire quelque chose d'agréable au curé. Aussi eut-on bientôt arrêté le projet d'en hisser une seconde sur une tour de trente pieds de hauteur, dont Kléber, pourtant, avait été l'architecte dans un temps où il ne pensait guère à la gloire qui l'attendait sous les drapeaux. Mais une cloche, il faut la payer, et des cultivateurs ruinés par la guerre n'auraient peut-être pas été, pour le moment, trop disposés à entrer dans ces idées de luxe. Une ressource se trouva dans la forêt communale où, sans penser aux besoins de l'avenir, on courut bien vite y faire une adjudication dont le produit fut affecté à l'achat de la précieuse cloche.

Si le prédécesseur de ce maire avait eu plus

d'une fois, recours à ce moyen cette irrégularité n'avait eu lieu qu'à une époque où l'action
des lois françaises était momentanément suspendue, et, du reste, le produit de ces ventes
avait été employé à faire face à des réquisitions
dont les habitans s'étaient trouvés soulagés par
cette mesure. Ainsi, loin de croire que ce qu'il
avait fait pût servir de titre à son successeur
pour en agir de même, il ne pensa qu'à profiter
de sa faute pour se venger de quelques mauvais
procédés dont il lui était redevable. Informée de
ce qui se passait, l'administration forestière se
mit en devoir d'agir, et ce que l'on avait cru
une affaire toute simple, fut converti en grave
délit. Dès cet instant commencèrent les poursuites dont le résultat fut la destitution du
maire, une amende de 3,000 francs, les frais du
procès, six mois de prison, et, par dessus le
marché, restitution des sommes perçues, sauf
à se faire payer sa cloche comme il pourrait. Il
est à croire, dans cet état de choses, qu'elle ne
réveilla plus chez lui, par ses sons, des idées
fort agréables. Ainsi finit aussi la carrière administrative de ce fonctionnaire, dans lequel on
avait cherché un auxiliaire contre moi. Ce ne
fut pas la faute de l'administration, si elle ne
put tirer d'embarras ces hommes méprisables
avec lesquels elle n'avait pas dédaigné de faire
alliance.

§ XI.

Coup-d'œil sur quelques autres faits.

Mais si cette administration se montra si complaisante pour les hommes vils qui pouvaient lui être utiles momentanément, elle sut se prononcer, en même temps, contre ceux qui ne craignirent point de faire ouvertement profession, à mon égard, de ces sentimens de franchise et de loyauté que je leur connaissais. De ce nombre fut le maire qui m'avait offert un asile chez lui, dans le temps où je dus m'éloigner de la route, en abandonnant au pillage tout ce que je ne pus emporter. C'était un ancien et brave militaire qui joignait à un jugement sain, et surtout à une conduite sans reproche, des connaissances qui l'avaient mis à même de soutenir utilement les intérêts de sa commune. Si, à la première invasion, il n'avait rien négligé pour faire alléger le poids de ses charges, ce fut encore l'objet de ses efforts dans la seconde, et peut-être, dans le même instant où je venais de me retirer chez lui, n'ayant fait, par cette précaution, que me soustraire à un danger pour courir à un autre, ma présence ne

8

fut-elle pas inutile pour concourir avec lui à épargner à sa commune une réquisition de quatorze pièces de bétail qu'un détachement de gens armés fut sur le point d'enlever. Il ne fut pas moins heureux dans d'autres circonstances aussi épineuses ; mais c'en fut assez qu'il eût agi avec humanité et justice, que, loin de seconder les vexations d'un commissaire infame, il n'eût pas craint de se montrer, à mon égard, ce qu'il avait toujours été, pour qu'on l'en fît repentir, à l'aide de prétextes qui furent bientôt trouvés. Il n'était pas de maire qui, à ces époques désastreuses, ne se fût trouvé dans le cas d'avoir une comptabilité. Si on ne put lui en faire un crime, on y vit, du moins, une occasion de lui faire essuyer mille tracasseries, à la suite desquelles il cessa de remplir une place sujète à beaucoup de désagrémens.

Mais, dans le même instant où l'administration savait si bien lui témoigner son mécontentement de n'avoir pas embrassé son parti contre moi, des clameurs de haro s'élevèrent contre une de ses créatures, maire d'une commune voisine, que tous ses administrés accusaient d'horribles dilapidations. Il n'en fut que mieux soutenu, car la sous-préfecture qui arrêta ses comptes mit, d'un coup de plume, la dépense au niveau d'une recette de plus de 10,000 francs, au mépris des délibérations du conseil municipal, qui ne fut pas plus entendu, lorsqu'il s'agissait de poursuivre un fripon, que ne l'avaient été les mêmes autorités de mes communes, lorsqu'elles avaient admis et consenti des dépenses bien constatées. Il serait difficile de fournir plus de preuves d'une mauvaise foi et d'une partialité qu'on ne sait comment qualifier.

Une autre affaire de cette sorte, qui vint encore à ma connaissance, fut celle d'un maire qui avait puisé plus de vingt mille francs dans la caisse de sa commune, ainsi que cela fut légalement prouvé. Toutefois il fit des réclamations, obtint des délais qui furent même prolongés au-delà de deux ans, et il sut si bien faire qu'en définitive son reliquat se trouva réduit de moitié; mais y aurait-il des poursuites, des gendarmes, une prison pour quelqu'un qui a vingt ou trente mille livres de rentes, et qui lui sont venues on ne sait comment? Oserait-on parler à ces heureux du siècle de forfaitures et de grandes prévarications? et les égards de l'autorité ne deviendraient-ils pas pour eux des brevets d'impunité?

Le roi avait accordé *sur* sa liste civile (du moins selon les ordonnances) une somme de onze millions à répartir sur les départemens qui avaient le plus souffert de la guerre. Ce fut

plus tard matière à de grandes intrigues pour
assigner la part aux communes, et ensuite aux
habitans. Un maire, qui avait touché neuf cents
francs pour cette indemnité, imagina un sin-
gulier moyen de s'approprier cette somme,
sans cependant que ses administrés en souffris-
sent. Ce fut de transformer les *bontés* du roi
en une autorisation de vendre des chênes dans
la forêt, et l'on y courut pour faire une adjudication jusqu'à concurrence de la somme accordée. Il ne restait plus qu'à faire le partage,
lorsque des contestations amenèrent la connaissance de la vérité. Les arbres restèrent à leur
place, avec toute faculté de reverdir encore,
et le fonctionnaire prévaricateur, mais protégé,
en fut quitte pour sortir de sa poche le petit
sac qu'il avait cru y loger si bien. C'est ainsi
que cette administration traitait les affaires.

Mais aurait-elle été bien en droit de se montrer sévère dans le temps où elle en agissait si
largement pour ce qui la concernait? Qu'on ne
demande pas si ce furent les communes qui
avaient le plus souffert de la guerre qui eurent
le plus aussi à se féliciter de la répartition de
cette indemnité. Tout consiste dans la manière
de s'y prendre : un exemple suffira. C'est d'un
fonctionnaire élevé que je le tiens, et sa conviction était établie sur bien des antécédens qui

ne sont pas tous venus à ma connaissance. Or, lorsqu'il fut question de la part à assigner à une commune assez considérable, elle sut si bien s'y prendre que cette part fut fixée à trente-six mille francs. Mais un si grand service mérite quelque reconnaissance, et comment la prouver mieux qu'à l'aide d'un nouveau barême où il sera établi que trente-trois est égal à trente-six? Qu'auraient eu à dire ceux au détriment desquels se firent ces arrangemens?

§ XII.

Contrastes.

« Quand Auguste boit, toute la Pologne est ivre, » a dit le roi de Prusse, qui n'a fait que reproduire une idée qui se retrouve dans beaucoup d'auteurs anciens (1). Tandis que tant de gens couraient à la messe, et ne se montraient qu'avec des livres de prières et des chapelets, d'autres savaient se dédommager de ces pratiques et trouver des gens pour qui leur exemple

(1) .... Componitur orbis
Regis ad exemplum.........
CLAUDIEN.

n'était pas perdu. Un préfet aurait-il pu jouer tout seul et ne pas profiter d'une occasion qui s'accordait si bien avec ses goûts? Aurait-il eu pour rien dans son chef-lieu tout le personnel à grandes épaulettes qui composait le quartier-général de cette armée, de garnisaires qu'on nous avait laissés pour nous apprendre à vivre? Se pliant avec une facilité merveilleuse aux ordres qu'il avait probablement reçus de bien choyer tous ces messieurs, il passait avec eux les trois quarts des nuits, sauf à se reposer le jour de ses fatigues. Si quelquefois, et seulement par exception, on parvenait jusqu'à lui, il fallait se dépêcher et ne pas déranger longtemps un homme sujet à des vertiges, et dont les nerfs étaient si délicats que la moindre émotion avait toujours pour lui des suites fâcheuses.

Aussi n'était-il jamais visible dès qu'il était question d'un père de famille persécuté, et que lui ou ses collaborateurs avaient réduit à la misère. Et souvent ce n'était pas sans motif, car il avait aussi de temps en temps ses petits chagrins, et de légers embarras qui demandaient quelque soin pour s'en tirer. Il est vrai que si, dans la nuit précédente, il s'était mis dans le cas de revenir à pieds, en laissant ses chevaux et sa voiture à un joueur plus heureux que lui, il se trouvait là un riche fournisseur

auquel on n'avait qu'à dire un mot, une autre
voiture était amenée, et l'on pouvait repa-
raître à la première soirée. Quant aux contribuables , ce n'était pas d'eux qu'il devait être
question dans un moment où l'on pouvait se
dispenser de beaucoup de formes pour faire
sortir l'argent de leur bourse. Il ne fallait pour
cela qu'un petit arrêté , et celui qui s'en tira
le mieux de tous, ce fut le fournisseur qui,
après l'occupation , n'eut plus d'autre embarras , comme ses associés, que de faire fructifier
l'or qu'il avait entassé. Et comment un homme,
pour ne citer qu'un exemple , à qui l'on donna
quatorze sous pour une livre de viande, dans
le temps où elle ne se vendait pas communé-
ment la moitié de ce prix, ne se serait-il pas
retiré avec des millions? Et quelle viande encore donna-t-on à ces soldats qui étaient rentrés
dans le droit commun, dès l'instant où ils ne
devaient plus être considérés comme ennemis ?
A coup sûr, pour ma part, je n'aurais pas voulu
y toucher, car le plus souvent ces dégoûtantes
fournitures ne provinrent que de bestiaux at-
teints de l'épizootie qui vint encore ajouter
aux calamités qui pesaient sur ce malheureux
pays (1)? Aussi fallut-il voir comment tous les

_____

(1) Dans le temps où l'administration gorgeait ainsi d'or,

parens et amis du fournisseur-général, ses sous-
traitans surent également bien faire leurs affaires. C'est par centaines de mille francs qu'ils
comptèrent leurs profits, grace à ces prodigalités bien motivées de l'administration. Il n'y eut
pas jusqu'à un petit sous-traitant, bien favorisé
de la sous-préfecture, qui, pour l'entreprise
d'un seul article dans une petite ville, ne pro-
fitât si bien du moment, qu'il se retira avec
quarante ou cinquante mille francs pour sa
part.

Ce qui paraîtra plus étonnant encore, c'est
que celui auquel le gouvernement confia tout
un département pour disposer ainsi de la fortune publique, n'avait pas même la confiance
de sa femme pour gérer ses intérêts particuliers,
et que depuis long-temps une séparation de
biens avait été prononcée entre elle et lui. Au
reste, c'était assez qu'il eût de bonnes opinions
qu'il n'accordât sa confiance qu'à ceux qui savaient les partager, pour faire passer sur des

les fournisseurs et tous les vampires qui se précipitaient
sur des contributions perçues de la manière la plus arbitraire, on vit des malheureux recueillir le sang de ces bestiaux pour en faire leur nourriture, et d'autres, poussés par
la faim, réduits à aller, la nuit, arracher les pommes de
terre que l'on avait ensemencées pendant le jour.

bagatelles de cette nature. Mais si les habitans
du pays se montraient gens traitables, rien ne
les empêcherait pourtant de demander des explications à l'égard d'une affaire de plus de deux
millions que je ne fais qu'indiquer en passant,
sans que je sois plus mal informé de la manière
dont la perception en fut faite et prescrite. Ce
sera peut-être une autre tâche. *Videbimus infrà.*

S'il pouvait être permis de montrer complaisance pour complaisance à l'égard de ces heureux fournisseurs, si utiles dans l'occasion, rien
n'empêchait en même temps que d'autres sacrifices demandés aux communes ne tournassent
à l'avantage de quelques individus, auxquels on
prenait un intérêt tout particulier. Chacun peut
établir son système de compensations à sa manière, et pour cent individus dont on ordonne
ou dont on laisse opérer la ruine, on peut bien
choisir un objet de prédilection, et lui faire à
lui seul, une somme de biens égale à celle de
tous les maux des autres. Il ne faut pour cela
qu'être administrateur aussi puissant que le
fut celui dont le bicéphale dont je vais parler,
n'eut pas moins à se louer que les fournisseurs.
Il fut même si gâté que, comptant pour rien
l'avenir, il ne pensa qu'au présent qui, pendant quelque temps, ne lui laissa que l'embarras de dépenser assez vite l'argent qui pleuvait

chez lui. Avec la première partie de son nom,
alors tout bourgeois, il avait chanté la républi-
que, et brûlé force encens à celui qui depuis
se chargea de ses destinées sous d'autres formes
de gouvernement. Dans une circonstance toute
nouvelle et bien imprévue, il fallut oublier
ce nom et y substituer l'autre moitié, qui
commençait fort heureusement par une particule. Cette particule ne put manquer nécessairement de faire naître des opinions
qui y étaient conformes, et qu'il devint utile
de propager au moyen d'un journal dont la
publication fut bien vite autorisée. En attendant les abonnés, disposés à faire les frais de
leur conversion, il fut décidé, qu'un noyau serait formé d'abord de cinq ou six cents communes du département, que l'on avait accou-
tumées à ne pas tenir à une bagatelle de vingt
francs, libre aux maires toutefois qui se senti-
raient assez convertis, d'accrocher, selon la
coutume, le journal au plafond, sans même en
rompre l'enveloppe. Mais qu'était-ce que douze
à quinze mille francs pour une dame qui n'eut
qu'à parler pour faire pleuvoir sur son mari
les faveurs de toute espèce? Aussi, peu satisfait
de dix traitemens qu'il cumula, sans savoir
peut-être le nom de ses places, fut-il initié dans
des affaires qui le mirent en état de compter

quelquefois pour rien une dépense de trois ou
quatre mille francs en un seul jour, et cela
dans le temps où l'on jetait sous les verroux
un malheureux auquel on arrachait, avec ses
faibles économies, le petit patrimoine de sa
femme, acquis par tant de peines et de privations.

Mais quand un administrateur en agit si largement pour faire face à ses besoins, pour fa-
voriser ses amis et *celles* à qui l'on veut du
bien, serait-il défendu à ses collaborateurs en
sous-ordre de faire usage des ressources à leur
portée? Car s'ils n'ont pas été dans le cas de placer sur une carte leurs chevaux et leurs voitures,
ils n'en ont pas moins vu plus d'une fois dispa-
raître en une soirée leur traitement de toute
une année. Il eût été commode aussi d'avoir
dans ces occasions des marchés à conclure avec
des fournisseurs. Mais à défaut de cette ressource, force fut de glaner, et l'on se rua sur
tous les champs. L'affaire de trente-trois égaux
à trente-six, quoique répétée sans doute avec
les changemens que comportaient les localités,
n'avait été que temporaire, et ce fut le cas de
penser à ce qui pouvait se reproduire annuellement. Je me bornerai à un petit nombre
d'exemples qui me reviennent en ce moment
à l'idée.

Tout le monde sait, je présume, ce que c'est que les messagers de canton, dont le salaire est réparti sur les communes d'après une proportion basée sur leurs revenus. Il me serait difficile d'indiquer précisément la somme qui était versée annuellement pour cet objet à l'ancienne sous-préfecture, qui sans doute aurait eu aussi des comptes à rendre, ce qu'elle ne fit jamais. Toujours est-il que cette recette ne pouvait être évaluée au-dessous de cinq mille francs. Mais ce qui paraîtra un peu fort, c'est qu'à peine le nouveau sous-préfet de 1815 fut arrivé que ce prélèvement fut doublé de son autorité privée, sans que le salaire des messagers piétons eût été augmenté d'un centime. A quoi furent donc employées ces sommes exigées d'une manière si illégale et si arbitraire? C'est sur quoi ne s'expliqua jamais le confident ou le trésorier du sous-préfet, qui se borna à dire « qu'ils étaient en règle. » De quelle manière étaient-ils en règle? Était-ce en vertu d'un arrêté occulte, ou de tout autre acte de complaisance? Dans tous les cas, c'était compter pour bien peu de chose les intéressés à connaître l'emploi de leurs fonds.

Dans un pays où il est peu de communes qui ne possèdent quelque portion de forêt, le montant des ventes de bois annuelles, considérées en masse, ne laisse pas que d'ètre de quelque importance. Les frais d'adjudication avaient toujours été payés en sus du prix de vente, et cela au moyen de l'augmentation d'un cinquième. Mais ce droit n'étant jamais absorbé en entier par les frais, l'excédant avait toujours été un bénéfice plus ou moins considérable pour les communes. La nouvelle sous-préfecture, attentive à tout, ne laissa pas passer cela inaperçu, et au moyen d'autres dispositions, ce fut son secrétaire-trésorier qui se chargea de faire face aux frais de vente, et de recevoir, bien entendu, les quatre sous par franc sur lesquels il ne revint plus rien aux communes. Tous ces frais furent réglés d'une manière occulte, et si bien que l'on garda les actes originaux de vente, dont on ne renvoya aux communes que des expéditions, sur lesquelles on se garda bien de relater ces frais. La crainte de l'autorité fit taire les murmures auxquels donna lieu cet abus, qu'il a peut-être été jugé utile de continuer.

Ce serait se tromper beaucoup que d'imaginer que l'on en resta là. Chaque pied d'arbre fut encore soumis à une taxe de trois francs qui entrèrent également dans la caisse de l'infatigable trésorier. En vertu de quelle loi, de quelle ordonnance, de quel arrêté cette taxe eut-elle lieu? et quel en fut l'emploi? C'est ce qu'on n'a jamais su. Quel compte aurait eu à rendre un délégué venu *d'en haut*, avec la commission de faire une enquête sur ces affaires et sur tant d'autres qu'il serait trop long de passer en revue?

D'après ces *faits* que je viens d'indiquer, ne pourrrais-je pas faire incidemment une question, et dire : « S'il vous fallait un homme juste, humain et bienfaisant, où le chercheriez-vous? Serait-ce au milieu de gens qui ne connaissent que le besoin de s'amuser, et surtout le jeu, que vous porteriez vos pas dans ce but? Celui qui, dans une soirée, ruinerait de sang froid son ami, dépouillerait son voisin sans pitié, ne verrait qu'en riant sa femme et ses enfans à l'hôpital, celui là que sera-t-il dans des fonctions qu'il n'exercera que pour son bon plaisir? Les réponses viennent d'elles-mêmes à ces questions que l'on pourrait multiplier. Ainsi courez donc à la chasse le matin, qu'une cavalcade après le dîner serve à faire votre digestion, en attendant l'heure du jeu ou du bal et du souper qui doit le terminer, rien de mieux, chacun est libre. Mais alors que l'on n'a de temps que pour ces occupations, que l'on ne se charge pas de fonctions qui prescrivent d'autres devoirs , et dans lesquelles on ne fait

déjà que trop peu de bien en s'y consacrant
tout entier. Mais revenons.

Dans le temps où cette administration, af-
franchie de toutes les formes disposait ainsi à
son gré, au moyen d'un simple arrêté, de la
fortune de tous les contribuables d'un département, aucun de ces arrêtés cependant n'avait
paru sans être accompagné d'une disposition
portant qu'il serait rendu plus tard un compte
général et public de toutes ces recettes et de
leur emploi. Cette promesse a-t-elle été tenue?
ou plutôt a-t-on jamais eu l'intention sérieuse
de la tenir? La corvée eût été par trop difficile,
et le fait est que l'on ne fit jamais une applica-
tion plus fréquente du proverbe italien : *Pas-
sato il pericolo, gabbato il santo.*

Si des réquisitions de toute sorte furent
frappées pendant les invasions, je tiens pour
constant qu'une grande partie fut autant le fait
de quelques intrigans zélés du pays que celui
de l'armée d'occupation, qui ne connut jamais
tous les magasins que l'on avait faits en son
nom, et cela par de bons motifs. A l'époque où
l'ennemi ne fut plus en droit d'exiger que ce
qui avait été stipulé dans les conventions, je
vis tirer d'un magasin de la sous-préfecture
d'énormes voitures de bottes et de souliers.

Que devinrent ces voitures? et quel fut l'emploi de la vente de ces objets ?.....

§ XIII.

Le bien public en tout temps.

Mais, pourrait me dire quelque interlocuteur malévole, si jusqu'à présent vous avez fait la part des autres d'une manière assez large, n'y avait-il donc rien à dire contre vous? Hélas! oui, je l'avoûrai franchement, j'avais péché, et péché contre beaucoup de formes, et avec un homme qui se connaissait en *formes*, les formes devaient l'emporter sur le fond. Je n'essaierai pas même, pour me justifier, de m'appuyer sur une universalité qui ne devrait pas toujours servir d'exemple. Si l'on a dit que la lettre tue et l'esprit vivifie, il est cependant des cas où la lettre seule pourrait être utile, et plus en comptabilité que partout ailleurs, surtout dans la partie des écritures. Au reste, et jusqu'à cette époque, les agens supérieurs du trésor avaient tenu particulièrement à une bonne situation, c'est-à-dire aux rentrées et aux versemens. Le reste n'avait jamais été qu'une affaire accessoire sur laquelle aussi j'eus à faire des observations qui ne furent pas contredites par l'inspecteur délégué de la préfecture.

Les abus furent grands sous l'empire, et certes personne ne serait moins disposé que moi à les nier, avec l'observation toutefois qu'ils ne connurent plus de bornes à l'époque où commencèrent mes revers, et ce fut à qui saurait le plus les multiplier dans des intérêts que je laisse apprécier. Mais pour retourner à l'époque antérieure aux invasions, je dirai que ce n'avait jamais été sans un sentiment pénible que j'avais été témoin de cette ardeur avec laquelle on semblait mettre au pillage le patrimoine des communes Après que le gouvernement avait prélevé ses cinquièmes, ses dixièmes, à l'aide de mille prétextes d'utilité publique, venait le bien public de l'administration, c'est-à-dire les frais d'impression de toute espèce qu'elle faisait peser sur le pays. Il s'agissait de régler les formes de comptabilité de ces institutions toutes nouvelles, et pour les régler il fallait des instructions, des modèles, des registres de toutes sortes que l'on faisait bientôt mettre au rebut, pour en prescrire d'autres que l'on se tuait à inventer, et cela n'en finissait point.

Ce que j'avance ici, n'est encore qu'une

énigme pour bien des personnes, mais je serai
compris en disant que c'était la préfecture qui
dirigeait ces impressions, qui en réglait les frais,
qui les faisait encaisser, au moyen de quittances
que l'on était un peu en droit de regarder
comme fictives. C'est ainsi qu'il y eut des années où telle commune qui n'avait pas deux
cents francs de revenu, eut à payer plus de
soixante-dix francs pour des paperasses destinées à sa comptabilité. C'était un peu fort,
quand deux ou trois feuilles de papier auraient
suffi pour cela. Mais les soixante et dix francs
de sept cents communes et plus, ne laissaient
pas que de former un lest de cinquante mille
francs dans une caisse. Ce n'était pas aux receveurs qu'il appartenait de s'enquérir si tout
cela passait chez l'imprimeur, ou si les neuf ou
dix chevaux d'un proconsul se trouvaient un
peu mieux fournis en avoine.

Mais au milieu de la confusion qui naquit
de tant de règles prescrites dans toutes autres
vues que l'intérêt du service, je m'en tins,
comme tant d'autres, à maintenir ma situation
telle qu'elle devait être à l'égard du trésor, et
à la connaître également dans tout ce qui était
relatif aux communes. Un esprit de chicane put
seul, en 1815, me susciter des difficultés à cet
égard, et si on ne l'avait pu, c'est que j'aurais

été peut-être le seul qui eusse eu le courage de porter la main sur tout ce fatras d'imprimés payés si cher, dans lesquels j'avais fait un choix de ce qui m'avait paru réellement utile. Au reste, lorsqu'on veut ouvrir la porte à l'arbitraire, on vient toujours à bout de la trouver, et c'est ce dont je n'ai eu que trop la preuve.

Quant aux affaires de guerre, on sent bien que nulles formes n'avaient été prescrites par ceux qui avaient la baïonnette au bout du fusil. Tout n'avait été que provisoire, et il me fut facile de prouver par les matériaux que j'avais déjà préparés, que je n'avais compté que sur le calme qui devait renaître pour remettre le tout dans l'ordre accoutumé, et me conformer d'ailleurs aux instructions qui seraient données. Mais on aura compris que ce n'était pas cela que l'on voulait. Placer des parens, préparer la voie à un député qui ferait ses affaires avant celles de ses commettans, faire un contrôleur et satisfaire des haines particulières, tout cela demandait quelques moyens d'exécution, et ils furent trouvés.

Un de mes collègues, avec lequel j'avais été assez lié, me dit un jour qu'à ma place il aurait été si minutieux, si exact observateur des formes prescrites par la préfecture, « que le diable même n'aurait pu mordre sur lui. » Comme

9.

receveur d'une ville assez riche, il ressortait de
la cour des comptes, et de plus il avait eu
l'heureuse idée de s'éloigner pendant les invasions. Rentré avec l'avantage de n'avoir été
chargé d'aucune affaire de guerre, ce n'avait
jamais été qu'avec l'aide d'un commis, et sans
sortir de son bureau qu'il avait fait ses recettes.
Il y avait donc lieu de le croire parfaitement
en règle, et peu d'espoir de l'attaquer avec
succès. Il n'en avait pas moins des ennemis, et
même en assez grand nombre, grace à une rigidité à l'égard de ses débiteurs que je n'avais
vu personne être tenté d'imiter. Aussi dans le
temps même où il se croyait à l'abri de ces
orages qui avaient passé sur tant de ses collègues, s'en vit-il tout-à-coup assailli de la manière la plus vigoureuse. En moins de trois
jours, un contrôleur, (son ami et non un inquisiteur, car on resta dans les formes) reconnut
dans sa gestion assez de négligences pour qu'il
en résultât sa suspension, et Dieu sait où les
choses seraient allées si on les eût continuées
pendant trois mois ! Toutefois la sous-préfecture le laissa libre, il put agir, courir, se déme-
ner, et le secrétaire du préfet, non pas Croque-
Mitaine, mais bien *Croque-lois*, avala d'une
bouchée le travail du contrôleur et tout ce qui
l'accompagnait, et mon collègue « sur qui le

diable avait mordu, » en dépit de toutes ses
prétentions, se vit réintégré dans son emploi,
du moins pour quelque temps. Il eût été, certes,
bien au dessous de moi de voir de mauvais œil
la tournure que prit son affaire, mais il n'en
est pas moins vrai que l'administration fit voir
dans cette circonstance qu'elle savait faire usage
de deux poids et de deux mesures, c'est-à-dire
détruire d'une part l'effet d'un travail en règle,
et de l'autre faire tout pour appuyer la malveillance et l'arbitraire.

L'occasion me fait penser à un autre fait sur
lequel je ne puis garder le silence. Il est encore
d'un de mes collègues, et je fus la cause indi-
recte de la manière dont fut traitée son affaire,
qui offre un autre exemple de l'inconséquence
de l'administration. Je dirai d'abord que ce n'est
jamais qu'avec un sentiment que je ne sais trop
comment définir, que je vois tant de gens ne me
parler que de perceptions, et qui tournent leurs
vues de ce côté. Ils n'imaginent guère que ce
qu'ils demandent n'est bien souvent qu'un
moyen de courir à leur perte. De quelque manière que l'on s'y prenne, on est environné de
méchans, de jaloux, et malheur à celui qui n'y
réfléchit pas à deux fois avant de se faire un
ennemi, dans quelque affaire que ce soit, et
surtout parmi les chefs, qui ne manquent pas

dans cette partie. Le receveur dont je parle avait eu la maladresse de refuser à son contrôleur quelque somme qu'il lui demandait à emprunter. Ce refus ne fut pas oublié, et la première occasion fut saisie de s'en venger. Je ne sais quels changemens il se permit de faire dans des pièces déposées à la mairie, changemens qui n'auraient du être opérés que de la main du contrôleur. Ce *fait* fut constaté et présenté comme une altération très grave. La sous-préfecture, qui n'en voulait point à ce comptable, essaya de faire envisager cette affaire comme un acte de légèreté et d'imprudence, ce qui était vrai, m'a-t-on dit, mais il n'en fut pas de même à la *haute* administration où l'on se souvint de tout ce qui avait été provoqué avec tant d'ardeur contre moi (1). Mais si ce travail ne fut pas annihilé, il n'y eut du moins ni obsessions, ni retards. On laissa agir la justice qui, deux mois après, prononça sur cette affaire, où la malveillance d'un contrôleur, qui n'avait agi que dans des vues peu honorables, fut mise dans tout son jour. Et vous, qui ne connais-

_____

(1) Pressé de ne donner aucune suite à cette affaire, le préfet, faisant une fois de l'opposition, répondit : « Vous m'avez poussé pour l'un contre mon avis. Celui que vous défendez marchera aussi, et la justice seule prononcera. »

sez peut-être ni les hommes ni l'administration
ni la comptabilité, dépêchez-vous, courez, dé-
mandez des places de percepteurs : trop tard,
sans doute, vous reconnaîtrez votre erreur.

§ XIV.

Quelques réflexions.

Il me resterait, certes, encore beaucoup à
dire, si je voulais mettre dans tout son jour la
conduite des hommes qui firent partie de cette
administration à laquelle je dus ma ruine et
mes revers. Mais ce serait courir le risque de
fatiguer, et je ne m'arrêterai plus qu'un instant
sur le sous-préfet, qui me dit, en propres termes, lorsque mes affaires furent à peu près
arrangées, « qu'il n'en avait jamais pris connaissance par lui-même (1). » Et pourquoi donc
était-il sous-préfet, si les affaires d'un malheureux père de famille étaient si fort au-dessous

_____

(1) On m'a aussi rapporté qu'il dit un jour, en société,
que s'il avait connu le véritable état des choses, il n'aurait
eu garde de prendre toutes ces mesures, qui avaient
plongé une famille dans le malheur.

de lui, qu'il les jugeât indignes de s'en occuper
par lui-même? Etait-ce le cas de se permettre ce
langage, alors qu'il ne pouvait plus ajouter à ses
maux? Mais comment avait-il pu dire à ce
comptable, s'il n'avait jamais pris connaissance
de son affaire, que si la vérification avait été
faite, en premier lieu, par un agent de l'autorité, il aurait demandé lui-même la révision de
son travail? N'était-ce pas avouer ses vues, et
dire que pour les remplir, il fallait que celui
auquel il en voulait succombât de quelque manière qu'il s'y prît?

On sait de quelle manière encore une partie de
l'écriture s'exprime sur les publicains, tous gens
à pendre, sans façons. Mais aujourd'hui, quand
il s'agit d'accuser, du moins faudrait-il ne pas
se montrer plus barbare que ne l'étaient les
peuples du bon vieux temps, qui habitaient les
rives du Jourdain. Y avait-il eu contre moi ces
clameurs de haro qui amenèrent les désagrémens de ce comptable dont je viens de parler,
et qui, néanmoins, fut réintégré dans ses fonctions? D'autres encore ne prenaient que trop à
la lettre ces invitations de poursuivre sans re-
lâche pour opérer les rentrées. Je sus arriver à
des résultats même plus avantageux, sans recourir jamais à aucun de ces moyens qui me répu-
gnaient, et pour lesquels, je puis le dire, je n'é-

tais pas fait (1). On sait qu'aucune saisie ne peut
être faite sans qu'un certain nombre de pièces
ne soient fournies à l'enregistrement. C'est par
ce moyen, sur lequel il n'y a nulle contestation,
que je pourrais prouver, au besoin, que, pendant près de dix ans, je ne fis opérer qu'une
seule saisie, et cela seulement parce qu'il n'y
eut pas d'autre moyen de vaincre l'obstination
d'un homme dont la mauvaise foi était connue.
Je pourrais avancer encore que je ne perdis jamais un instant pour renvoyer le plus promptement possible ces garnisaires à pied et à cheval, qui ruinaient le campagne. Que fit mon
successeur, l'ami, le protégé de la sous-préfecture? A peine fut-il en exercice, qu'il multiplia
les saisies, les exécutions de toute espèce, sans
crainte de se rendre l'agent des plus audacieuses

---

(1). Je fus chargé quelques années après, par un receveur-
général auquel je conserve des sentimens bien particuliers,
de la rentrée d'une trentaine de mille francs, dans un petit
coin du département où le comptable titulaire ne pouvait
rien recevoir. On avait peint les habitans comme très ré-
calcitrans. On mit en conséquence à ma disposition, gendarmes, cavaliers, et tous gens reconnus propres à faire
cesser cette résistance. Je ne fis usage que de deux pauvres
conscrits, et cela me suffit pour attendre le résultat qui
m'avait été prescrit.

concussions (ces deux millions...?); son obéis-
sance passive ne l'en mit que mieux avec l'autorité.

Mais qu'avaient à craindre d'elle ceux qu'elle
avait nommés, ceux qu'elle avait conservés,
ceux qui allaient à la messe ou qui pouvaient
fournir des plats d'asperges? Aurait-on eu l'idée
de faire vérifier tel comptable qui, dans l'occasion, avait si étrangement multiplié les actes
arbitraires dans son petit canton, qu'on l'avait
vu placer trois et quatre garnisaires à la fois
chez des cultivateurs, pour les forcer à lui vendre à vil prix des champs ou des prés qui étaient
à sa convenance? Se montra-t-on disposé à écou-
ter les plaintes qui furent élevées| plus tard
contre de pareilles atrocités? Ce serait se tromper étrangement que de l'imaginer.

Celles auxquelles donna lieu la conduite
d'un autre favori, furent-elles écoutées davantage? Ne le vit-on pas faire impunément tout ce
qu'il voulut, au milieu de trois ou quatre perceptions dont on lui avait donné la gestion temporaire, à lui, nouvel intrus dans l'arrondissement, et cela dans le temps où la scélératesse
d'un agent subalterne ne trouvait pas de garnisaires assez durs, de gendarmes assez zélés, de
geoliers assez avides, d'huissiers assez dévoués,
pour achever la ruine de celui qui avait supporté

le pillage, et les logemens militaires de deux
invasions successives?

A l'époque où commencèrent ces vexations,
j'essayai de prouver par des pièces (1) que ni le
trésor, ni les maires (2), n'avaient provoqué la
mesure prescrite contre moi dans des formes si
étranges et si illégales. Pour toute réponse, on
me dit que les certificats des maires ne signi-
fiaient rien. Mais, si les certificats de ces fonctionnaires ne signifient rien, pourquoi, lui, sous-
préfet révoqué trop tard, en sollicita-t-il de tout
l'arrondissement, avant de s'en éloigner? Dira-
t-on qu'il ne les fit pas servir à se faire rendre
bientôt une autre sous-préfecture? Mais, comment s'y prit-il pour obtenir ce dont il n'avait
guère cru avoir sitôt besoin? C'est ce que je me
dispense d'expliquer.

Quand un homme a tout fait pour se soustraire à l'abus de la force et du pouvoir arbitraire, il ne ferait que rentrer dans ses droits,
en recourant à cette légitime défense qui appartient à tout individu qui ne veut pas succomber
sans obtenir la satisfaction qu'on lui refuse.

---

(1) Ces certificats ont été renouvelés plus tard, et peuvent être reproduits au besoin.

(2) Fxcepté, bien entendu, les deux individus sur lesquels je n'ai du que trop m'arrêter.

C'eût été ce qu'aurait fait peut-être certain collègue que j'avais eu, et qui passait cependant pour avoir fait quelques démarches, à l'effet de se mettre bien avec celui qui avait osé menacer tout le monde de sa férule.

« Ce n'est pas des hommes de cette espèce, me dit-il un jour, que l'on appelle en duel; mais, si votre homme eût essayé de me faire tout ce qu'il vous a fait, j'aurais eu deux balles à son service. » Je ne sais s'il aurait trouvé beaucoup de personnes de son avis : quant à moi, il me semble que le remède aurait été pire que le mal.

A peu près dans le même temps, je vis dans les journaux qu'un agent du trésor, et non un homme de l'espèce d'Etienne, fut chargé, un jour, d'établir la situation d'un comptable très-arriéré envers le trésor. Sa ressource fut dans deux pistolets, dont l'un fut pour lui, lorsqu'il se fut débarrassé de l'agent qui venait le vérifier. C'était se reconnaître en défaut, et ne laisser aucun doute sur l'irrégularité de sa gestion. Celui qui ne craint rien, qui n'a rien à se reprocher, brave tout, et sait attendre du temps ce qu'il ne peut obtenir du présent.

Quelqu'un s'y prit d'une autre manière, dans ce chef-lieu où je dus faire tant de voyages ruineux. Lancé dans des affaires dont les embarras s'accrurent par les dénis de justice qu'il essuya d'un chef de bureau, il mit fin à ses jours, non sans avoir fait connaître la cause de cet acte de désespoir. La destitution de ce chef, que l'autorité essaya cependant de soutenir, put seule mettre un terme à la rumeur publique.

§ XV.

Droits d'un citoyen.

Un comptable n'est rien, je le sais. Aussi, ce n'est point comme comptable, c'est comme citoyen qu'il ne peut m'être refusé de faire entendre les cris de l'injustice, de l'oppression et de l'arbitraire. Si, dans le principe de la création de ces places, il avait été dit qu'elles seraient à vie, je ne prétendrai pas, cependant, qu'il n'appartenait pas à l'administration de faire d'autres choix parmi ceux dont les opinions lui seraient une garantie, qu'ils sauraient marcher avec elle et la seconder dans toutes ses vues. Mais, pour arriver à ce résultat, fallait-il violer toutes les lois, ne faire usage que de mesures toutes plus révoltantes les unes que les autres, et ne mettre enfin un terme à cet acharnement qu'au mo-

ment où la ruine de toute une famille serait
consommée?

Et si je ne voulais que récapituler les plus
saillantes de cette série d'iniquités sans nombre,
je dirais :

Qu'il résulte des dispositions mêmes des arrêtés de la Préfecture, ainsi que des lettres et
du rapport au ministre de l'inspecteur-général,
que jamais vérification chez un comptable ne
fut opérée d'une manière plus étrange et plus
illégale ;

Que, depuis le commencement jusqu'à la fin,
ce ne fut qu'une suite non interrompue d'actes
arbitraires et de scélératesses de toute espèce;

Que cette violation de toutes les formes légales se manifesta déjà dans la manière dont
furent repoussées les réclamations que ce citoyen adressa à l'autorité sur le choix qu'elle
avait fait de l'homme le plus méprisable, pour
une opération qui ne pouvait être confiée qu'à
un agent dont le caractère offrît les garanties
requises en pareil cas ;

Que ce fut au mépris de toutes les lois conservatrices de la liberté des citoyens, qu'un ad-
ministré fut menacé de la gendarmerie, pour
avoir réclamé de la haute administration la justice que lui avait refusée l'autorité secondaire,
à laquelle il s'était adressé d'abord;

Que l'astuce, la surprise et la fraude, purent seules mettre au néant un arrêté de préfecture qui n'avait été rendu qu'à l'effet de prescrire des mesures légales pour une opération dont, au reste, rien ne faisait sentir la nécessité;

Que l'emploi de quatre garnisaires à la fois pour des rédactions d'écritures injustement demandées, est une de ces monstruosités dont pouvait seule donner l'exemple, une administration qui se faisait un jeu de fouler aux pieds toutes les convenances;

Que le refus d'une contrevérification solennellement promise dans le droit de la défense, constitue à lui seul le déni de justice le plus flagrant;

Que ce ne fut que par l'abus le plus audacieux de la force, que l'administration pût se permettre de retenir un citoyen pendant trente-trois jours sous la surveillance de la gendarmerie, et cela seulement dans le but de le mettre hors d'état d'agir pour sa défense;

Que si ce dernier fait constitue déjà l'attentat le plus inoui contre la liberté individuelle, ce fut porter l'arbitraire à son comble, que de faire suivre cette mesure d'une incarcération prescrite sans autre forme qu'un ordre verbal;

Que si on la fit durer pendant près d'un mois sans qu'elle fût légitimée par des formes légales, sans même que ce citoyen ait été interrogé par qui que ce soit, ni dans ces premières semaines, ni dans les deux mois qui suivirent, ce ne fut que par une autre série d'iniquités que l'on parvint à la prolonger pendant plus de six mois; chose dont il n'y avait pas eu d'exemple en pareil cas;

Que l'acte par lequel la sous-préfecture frappa un citoyen d'une taxe de près de 1,000 francs, ne peut être envisagé que comme la plus audacieuse concussion qui fut jamais tentée;

Que peu satisfaite enfin de toutes les atrocités ci-dessus relatées, et des autres sur lesquelles il serait trop long de s'arrêter, l'administration ne trouva rien de mieux, pour porter les derniers coups à la ruine d'un citoyen, que de prolonger, pendant plus de deux ans, l'appurement définitif de ses comptes, et cela au moyen du réjet de dépenses admises et reconnues, dès le premier abord, par les conseils municipaux.

Après l'énumération de tous ces faits qui ont été établis, à l'appui desquels des pièces peuvent être fournies au besoin, quelle idée restera-t-il de cette administration? Et si elle a atteint son but, quelle est celle qui encore serait tentée d'y arriver par de pareils moyens?

§ XVI.

Conclusion.

Tel est ce que j'éprouvai sous une administration reconstituée par un prince qui avait
proclamé hautement qu'il ne voulait pas *de titre
plus doux que celui de père de ses peuples* ; et
si l'on eut la constance de faire durer ces persécutions multipliées pendant trois longues années, on n'y mit un terme, comme on l'a vu,
que lorsqu'à force de lutter, je fus parvenu à
arranger mes affaires d'administration, pour
lesquelles je sacrifiai tout, sauf à faire plus
tard, seulement, le plus triste retour sur mes
affaires particulières. J'étais venu, dans le pays,
avec quelques petits capitaux, et tout avait disparu, grace à ces ressources qu'avait trouvées
l'administration pour m'épuiser, pour me ré-
duire à rien. Alors elle put s'applaudir de son
ouvrage, et contempler, avec joie, une famille
qu'elle avait réduite à ne plus pouvoir désormais se créer des moyens d'existence.

Aujourd'hui, par le renversement le plus
inoui de toutes les prévisions humaines, ceux
qui culbutaient, qui disposaient de tout, naguère

encore, sont renversés, ou peuvent l'être; l'épée de Damoclès reste suspendue sur leur tête. Mais dirais-je qu'il faut imiter ceux qui firent un tel usage de la victoire? N'est-ce pas parce qu'ils abusèrent de leur position, qu'ils foulèrent aux pieds toutes les conventions humaines et sociales pour ne s'occuper que de leurs intérêts, satisfaire leurs passions et leurs haines particulières, que la durée de leur puissance a été si courte; que leurs projets, leurs espérances, que tout a été renversé d'une manière à produire l'étonnement et l'effroi? Les suivrait-on dans ce mépris qu'ils firent des lois, de la justice et de l'humanité?

Mais dans ces temps d'agitations et de cabales, où l'intérêt emprunte toutes les formes et prend toutes sortes de couleurs, quel est celui qui succombe, qui reste entièrement anéanti, si ce n'est le faible pour lequel il n'est jamais d'appui, dès qu'une fois il se trouve en butte à la malveillance, et forcé de lutter contre les passions? Si on ne peut l'attaquer sur sa conduite, sur ses opinions ou sa moralité, d'autres prétextes ne manqueront pas, et, en lui enlevant le présent; on cherchera même encore à le perdre dans l'avenir. Dans le même temps, qu'arrivera-t-il à l'heureux du siècle? et celui-là, qui semble commander aux événemens, n'en

sera-t-il pas quitte, quoiqu'il lui arrive, pour
un changement de décoration, au moyen de
quoi il saura se frayer de nouveaux chemins?

C'est ainsi qu'à une époque qui précéda de
peu les arrangemens qui furent pris pour opérer ma ruine, je fus témoin des clameurs publiques et journalières qui s'élevèrent contre un
fonctionnaire, assez gros bonnet dans la partie.
Sa caisse était assiégée de fournisseurs, dont les
portefeuilles étaient garnis de beaux mandats
délivrés par la préfecture, et payables sur contributions de guerre qu'on ne pouvait faire rentrer assez vite au gré de tous ces coparticipans.
Ils auraient pu dire comment ces mandats
étaient arrivés ou arrivaient dans leurs portefeuilles; mais ce n'était encore que du papier,
et, pour le convertir en argent, il s'agissait
d'une autre petite formalité à laquelle on sous-
crivait plus ou moins facilement. Il est vrai
qu'un sacrifice de 2,000 francs sur 10,000, méritait quelque réflexion; mais on pourrait le
couvrir avec d'autres fournitures auxquelles on
mettrait un prix, dont les contribuables n'auraient point à s'enquérir. Tout cela, cependant,
n'eut pas lieu sans qu'il en résultât de violens
murmures, auxquels mit seule fin la destitution
du fonctionnaire qui se trouvait si bien de ces
arrangemens. Cette punition fut jugée suffisante,

10.

et l'affaire n'alla pas plus loin (1). Il est vrai
qu'avec de *grosses épargnes* on peut se consoler d'un petit revers. Quelques mois après, le
même homme fut admis en tiers dans une recette générale, dont le nouveau titulaire n'avait
pu fournir le cautionnement.

Et dans le même temps , moi, pauvre myrmidon, moi qui, pour ma part, n'avais eu que
la peine de rassembler des sommes qui profitaient si bien aux autres, j'eus un inquisiteur
pour explorer ma gestion , des garnisaires , des
gendarmes, des huissiers, des geôliers, et dix
autres vampires, qui ne lâchèrent prise que
lorsqu'ils me virent, pour ainsi dire, sans vie
et sans mouvement. Pourrais-je trop le répéter?

Et qu'on dise maintenant que tout est pour
le mieux dans ce meilleur des mondes possibles. Hélas! si l'on se fût borné à me prendre
ma place, en me laissant, du moins, le peu que
m'avaient épargné la guerre et le pillage, que
d'angoisses, que de souffrances, que de privations on eût épargnées à ma malheureuse fa-

---

(1) Si le ministre se fût décidé à donner suite à cette
affaire , il ne lui eût pas été difficile d'établir des faits bien
crians et bien scandaleux. Mais...... Vendôme aurait-il fait
fusiller un fournisseur qui avait cent mille écus à son service ?

mille, dont la moitié est, depuis, descendue
dans la tombe! O vous qui ne vouliez que ma
ruine, qui n'avez laissé échapper aucune occasion pour la hâter, et sembliez ne connaître
d'autre regret que celui de ne pas me voir assez
malheureux, si vous n'avez pas été témoins de
ces derniers coups du sort, si, pour vous satisfaire, il vous fallait quelque chose de plus que
ce que vous n'avez pu inventer ou trouver, ré-
jouissez-vous, tout s'est réuni pour vous seconder, et la nature aussi s'est montrée votre auxiliaire!

Mais quand celui que vous aviez choisi pour
être l'organe de vos *sentimens* de dureté et d'é-
goïsme, se plaisait à l'idée de l'avenir doulou-
reux qu'il me préparait, pensait-il avoir si bien
calculé tous ses moyens que tout s'accomplirait
au gré de ses désirs? L'infortune peut-elle abat-
tre entièrement le courage de celui auquel on
n'a pu ôter le sentiment de sa conscience, la
force de son droit, et cet espoir que la prospérité des méchans a son terme comme toutes
choses dans ce monde?

Ainsi, c'est dans une situation qui devait être
le résultat de votre constance et de vos efforts
à me perdre, que j'ai vu fuir les mois, les années, et le soleil ne plus se lever pour ma famille et pour moi qu'à travers un crêpe funèbre

que rien, jusqu'à présent, n'a pu dissiper. Elevé
à l'école du malheur, le passé, comme le présent, ne peut me rappeler que de tristes souvenirs, et ce n'est pas sans un sentiment d'effroi
que ma pensée ose sonder dans l'avenir dont
elle se détourne.

Mais vous, plus heureux, vous que rien ne
put attendrir ou toucher au milieu de ces distractions que vous aimiez à vous procurer, vous
dont le temps s'écoulait à la chasse, dans des
bals, ou autour de tables couvertes de tapis
verts, alors que vous aviez des devoirs plus essentiels à remplir, livrez-vous tout à l'aise à ces
délassemens, aujourd'hui que surtout rendus à
la vie privée, personne n'est plus en droit de
vous demander compte de l'emploi de votre
temps. C'est un de ces avantages que je partage
avec vous, à la petite différence près que vous
occupez de beaux appartemens, qu'un cabriolet
est à votre disposition pour vous transporter
où vous appellent les ris et les jeux, tandis que
moi, peut-être éclaboussé par vous dans les
rues, ce n'est qu'avec peine que je regagne
l'humble chambre à une croisée qu'il n'a pas
dépendu de vous de m'ôter, et où je ne retrouve,
de ce que j'avais jadis, que quelques livres qui
ne m'ont jamais quitté. A cet inventaire, dont
le détail n'est pas fatigant, je pourrais ajouter

encore, il est vrai, de l'encre et le papier sur lequel je retrace péniblement ces souvenirs, loin de tous ceux dont la présence pourrait adoucir mes peines.

Si c'est sur l'oreiller que l'on aime à se rappeler plutôt le bien que le mal que l'on a fait, dirais-je, ô vous, dont je suis sans doute entièrement oublié, dirais-je, que vous n'avez pas fait du bien, beaucoup de bien même, quand ce ne serait qu'à ceux qui eurent le bonheur d'être toujours dans vos bonnes graces? On objectera peut-être qu'ils comptaient parmi les heureux du siècle; mais s'ils n'avaient pas été riches, auraient-ils touché toutes ces indemnités que vous leur distribuâtes si largement sur ces contributions de guerre mises à votre disposition, et dont rien ne vous empêcha de faire un partage conforme à vos prédilections?

Mais, si l'évangile que vous connaissez très bien, je n'en doute pas, n'avait pas dit que c'est à celui qui a que l'on donne, n'auriez-vous pas eu, plus tard, pour vous appuyer, au besoin, ces favoris de la fortune et du pouvoir, à qui l'on fit tout d'un coup des dons de 100 ou 200,000 livres de rente, et cela seulement parce qu'ils n'auraient pu compter, sans le secours de la plume, le nombre de leurs fermes et de leurs châteaux?

Quand même encore Newton n'aurait pas découvert la propriété de l'attraction dans la matière, n'aurait-on pas été mis sur la voie par ces ordonnances qui remplissaient naguère les colonnes des bulletins des lois? Aurait-on pu refuser des pensions de 12,000 francs à tel qui en avait déjà 20,000, et qui, malgré cela, avait bien voulu consacrer aux affaires trois mois de son temps? Qu'avaient à faire d'autres encore pour obtenir, sinon de justifier qu'ils ne possédaient pas 30,000 livres de rente, c'est-à-dire, les revenus entiers d'une ou de deux perceptions? Que d'autres demies, que d'autres quarts de perceptions, étaient ainsi distribués, sans penser aux tribulations des pauvres publicains et à la mauvaise humeur des contribuables! Si du moins la France avait été un peu plus grande!

Mais eût-elle été composée de deux ou trois cents départemens et de cinquante mille perceptions, il n'en aurait pas été moins décidé que mon verger, où l'on comptait jusqu'à dix arbres, que mon champ, mon pré, assez grand pour nourrir une chèvre, passeraient en d'autres mains, et que je ne posséderais plus sur cette planète un morceau de terre grand comme la main. Aussi bien, si elle est destinée, comme on le dit, à être fracassée dans deux ans par une comète, du moins, n'ai-je pas à craindre de perdre grand chose pour ma part. Toutefois, en attendant, j'ai mes droits sur les rues de Paris, que j'arpente tout à mon aise, grace à mes jambes qui sont encore passablement agiles pour mon âge.

A W***.

Omnia nostrum sensere malum.
Seneq.

Je les vois encore, mon ami, ces flancs du Jura où nous aimions à nous égarer, ces monts escarpés sur lesquels nous gravissions gaîment, ces masses de rochers que nous nous plaisions à escalader, et dont la disposition et la figure portent l'empreinte des révolutions qu'a subies le globe. Mais aux réflexions que faisaient naître à chaque pas tant d'objets variés qui retardaient ou prolongeaient nos courses, en succédaient bientôt d'autres, lorsqu'arrivés sur ces cimes élevées, nous portions nos regards sur cette partie du département du Doubs, qui nous présentait ses flancs hérissés de bois et de sauvages aspérités.

Bientôt encore, la pensée se portant plus loin, ce n'était plus la France entière qui se déroulait successivement sous nos yeux, mais tu voyais ses armées triomphantes et fières de ces trophées dont l'idée faisait battre ton cœur. Tu les suivais sur les bords du Rhin, en Allemagne, et jusqu'en Italie, d'où nous séparaient ces monts couverts de neiges éternelles. Redevenu français alors, et tout fier de ce titre, tu ne voyais plus que l'instant où, toi aussi, tu pourrais te trouver au milieu de ces légions invincibles, et suivre ces drapeaux qui ne se déployaient, au loin, que pour affranchir les nations et leur faire connaître leurs droits.

Avec d'autres goûts, d'autres inclinations, et une situation bien différente, si, comme tous les Français, et non moins que toi, je partageais ce sentiment d'orgueil que donne le succès, et dont il eût été si difficile de se défendre, c'était toutefois vers d'autres objets que se portaient mes regards, et d'après tout ce que j'aimais à lire, à entendre, à me faire raconter, je ne voyais plus qu'un peuple régénéré, devenant plus grand, chaque jour, au dedans comme au dehors, et dont le bonheur serait désormais assuré par des lois sages et protectrices, un meilleur état d'organisation sociale, et par des institutions conformes à une ère toute nouvelle.

C'est dans cet état de choses que tu partis, que je restai seul, sans cesser de t'accompagner de mes vœux, et tout, en effet, sembla bientôt succéder au gré de tes désirs. Ce que tu t'étais promis d'être, tu le fus, et si la fortune ne fit pas pour toi tout ce que tu aurais pu en attendre, du moins après de longues fatigues et beaucoup de périls, tu ne fus rendu à la vie privée qu'avec un grade honorable et une existence même au-dessus de cette heureuse médiocrité à laquelle tu avais toujours borné toute ton ambition.

Mais moi, en suivant une autre voie, en me dirigeant vers un autre point, où allai-je? que trouvai-je? que suis-je devenu? Rêves de bonheur, séduisantes illusions, chimères trop cruelles et trop décevantes, qu'êtes-vous devenues? Quelle triste réalité a fait place à ces combinaisons du futur que je me plaisais à organiser en théorie? Sur quel point devais-je tomber pour les trouver ces hommes régénérés, ces administrateurs éclairés, ne s'occupant que de leurs devoirs, mettant toute leur gloire à se faire aimer, chose si facile avec des intentions pures, et la volonté bien prononcée de faire le bien? Etait-il donc décidé que, pour m'être trop promis, je ne trouverais, à la place, qu'égoïsme, vil intérêt, et tout ce cortége d'iniquités qui suit partout ceux qui ne se laissent guider que par leurs passions et le besoin de faire le mal?

Si, dans tous les temps, la société se trouva
constituée comme elle l'est encore aujourd'hui,
à quoi doivent s'attendre ceux que le sort y
plaça sans fortune, sans appui, sans moyens,
tous particuliers de réparer les torts de cette
aveugle déité? Que de luttes! que de peines!
que de tribulations pour chaque pas que l'on
essaie de porter en avant! Déjà, dans le temps,
tu connus, tu fus témoin d'une partie des mien-
nes; mais alors, que j'étais loin encore d'avoir
quelque idée de tous les obstacles que j'aurais à
vaincre pour arriver à n'être rien, ou si tu veux,
un peu moins que rien! Pourtant, content de
cela, je crus avoir fait quelque chose, et c'est
dans le temps où je pensais pouvoir contempler
l'avenir avec quelque sécurité, que je fus tout-
à-coup lancé dans un abîme dont toutes les prévisions humaines n'auraient pu me garantir.

Avec cette droiture, cette rigidité de principes que je te connus dans tous les temps,
auras-tu pu me lire, me suivre dans tous ces
détails sans éprouver cette indignation avec
laquelle tu te prononças toujours contre ceux
que tu ne vis que trop souvent faire un abus si
étrange du pouvoir qui leur avait été délégué?
Mais je pourrais encore te le demander, eus-tu
jamais l'exemple d'une marche si ferme, si cons-
tante pour faire le mal, de tant de moyens

réunis pour porter les derniers coups, non pas à un seul individu, mais à toute une famille?

Mais alors même que ce chef de famille eût été tel qu'on s'efforçait sans doute de le peindre, de le présenter partout, fallait-il, pour l'anéantir, violer toutes les formes, ne respecter ni lois ni convenances sociales, et faire tout ce que ne se seraient pas permis ceux mêmes qu'il nous plaît de traiter de barbares?

Toutefois, si le sort en était jeté, si tous leurs coups ont porté au gré de leurs désirs, une consolation du moins m'est restée au milieu de tant de tribulations qui m'étaient réservées, et qui sans doute m'attendent encore, c'est le sentiment bien intime de n'avoir jamais fait le mal volontairement et sciemment. Je ne pense pas qu'il soit personne qui, en s'examinant franchement, ne puisse trouver quelques reproches à se faire, mais ce ne sera pas une petite satisfaction, selon moi, que de n'avoir à les imputer qu'à ce qui est inséparable des faiblesses de la triste humanité.

Tout comme un autre j'aurais eu des occasions pour amener mes affaires dans un état bien différent de celui où elles sont, mais pour cela il m'aurait fallu cette hardiesse, cet égoïsme, cette insensibilité froide et calculée qui ne fut jamais mon partage. Que d'autres donc né comptent pour rien l'infamie, ne reculent devant aucune turpitude, pourvu qu'ils aient de l'or, des pensions, des colifichets, peu inquiets de ce qu'on dira ou de ce qu'on pensera d'eux. Que les mêmes encore, pour placer leurs parens, leurs amis, leurs créatures, disposent du pouvoir, réduisent des familles à la mendicité; et ne soient arrêtés par rien, tout cela, je serai loin de le leur envier, bien persuadé qu'il faut une autre organisation que la mienne pour jouir de quelque repos avec une ame bourrelée de remords. Mieux vaut la pauvreté et ce n'est pas elle que je craindrai tant qu'il me restera les facultés d'agir et de penser.

Si Juvenal a dit dans ce temps où Rome et les moeurs, où tout s'acheminait à pas de géant vers la décadence :

Unde habeas quærit nemo, sed opportet habere.

ce ne fut toutefois qu'en théorie que nous revînmes tant de fois sur ce sujet, bien étranger encore que nous étions à la connaissance des hommes et des choses. Et, pour ma part, aurais-je pu m'imaginer que je devrais en faire un jour une si cruelle expérience, que ce ne serait que sous les formes les plus hideuses et les plus repoussantes que je verrais l'intérêt

marcher à son but, et les passions ne plus connaître ni frein ni résistance ? Cette position
avait ses dangers, et si je les reconnus à temps,
si j'échappai à la contagion, c'est parce que je
sus revenir toujours aux goûts de ma jeunesse,
qui me portèrent à des occupations au milieu
desquelles il est si facile de se convaincre que
tout n'est dans ce monde que sottise et vanité.
Avec cette conviction, quel est celui qui sera
tenté de porter envie à l'ambition, faisant d'i-
nutiles efforts pour retarder sa chute ou sa
honte, à l'avare dont le cœur s'est desséché en
entassant son or, et enfin à ces lâches intrigans
qui se groupent à toutes les avenues du pouvoir, et consument leur vie dans la recherche
des places et des honneurs?

Mais en détournant la vue d'une portion trop
grande de l'espèce humaine, qu'il est doux de
la reporter vers ces êtres privilégiés de la nature, au milieu desquels l'ame aime à se reposer, à se remettre des pénibles sensations dont
elle était affectée! Ce dédommagement, je l'ai
connu, en dépit de toutes les menaces qui m'a-
vaient été faites, et quelles qu'aient été mes
tribulations et mes souffrances, aurais-je pu
me croire tout-à-fait malheureux, alors que je
conservais l'estime et la confiance de tous les
gens de bien, alors que des circonstances bien

imprévues m'ont fait connaître de ces ames
grandes et généreuses auprès desquelles l'infortune n'est jamais sans appui ni protection?
Aussi leur souvenir, non moins que le sentiment
de l'admiration et de la reconnaissance, vivra
éternellement dans mon cœur, et ne pourra
s'en effacer qu'à son dernier battement : toujours, lorsque je serai tenté de me rappeler le
mal que m'ont fait des méchans, je me plairai
à y faire succéder cet idéal d'êtres parfaits au
milieu desquels l'ame respire et retrouve une
nouvelle vie. Il est des secrets qui ne m'appar-
tiennent pas, mais le temps viendra où toutes
mes pensées pourront être connues, et ce sera
me procurer de nouvelles jouissances que de te
les faire partager.

FIN.

www.ingramcontent.com/pod-product-compliance
Lightning Source LLC
Chambersburg PA
CBHW052049090426

42739CB00010B/2110